マルクス・ガブリエル
欲望の時代を哲学するII
自由と闘争のパラドックスを越えて

丸山俊一 Maruyama Shunichi
＋NHK「欲望の時代の哲学」制作班

NHK出版新書
620

マルクス・ガブリエル　欲望の時代を哲学するⅡ
——自由と闘争のパラドックスを越えて　目次

人工知能は、人間が作った効率的な問題解決の道具である
問題を発見できないモノは知的ではない――ＡＩもハンマーと変わらない
処理の過程をいくつかのステップに分解する、アルゴリズム
ルールで機能しながら、ルール変更することで知的に「見える」ＡＩ
判断の理由がわからないままに暴走する機械の恐怖
私たち人間にあってＡＩにはない、進化の歴史
生命体であれば、人工物であるＡＩは信頼できないはずだ
「現実」と「現実のイメージ」のあいだにある違いの感覚を、ＡＩは持てない
一部の法則に辿り着けば、宇宙全体を知ることもできる感覚思考
「思考感覚」――思考も感覚の一つであると考えれば他者への姿勢も変わる
「思考も感覚」と仮に考えれば、感じられる現実はすべて表象される
ヘーゲル「精神現象学」が教える――主観と客観を越えるリアリティ
観念論を批判的に継承するとき――「新実在論」の実践的意味
プラトンから現代に到る、感覚と思考を明確に分類する伝統的な考え方
思考とは、すでにそこにある感覚を見つけ一緒に把握するものである
自己イメージとの闘い
ＡＩについて考えることで、あらためて甦る民主主義の価値
哲学者としての責任感が恐怖を上回る――だから問われれば答え続ける
言葉と思考を示すことで社会の課題を減らすのが、哲学者の使命

校閲　福田光一
DTP　角谷　剛

序章

「欲望の奴隷」からの脱出（丸山俊一）

人はみな、本来、自由の感覚、意志を持っています。ところが、現代の哲学、科学、テクノロジー、そして経済が人々の自由に影響を与え、自ら欲望の奴隷《どれい》と化したという議論があります。

私たち人間は自由です。

自らがもたらした不自由の呪縛《じゅばく》から、脱出せねばなりません。

マルクス・ガブリエル

マンハッタンのビル街を遠く望み、心地よい風の吹くニューヨークの桟橋《さんばし》に佇《たたず》む一人のドイツ人哲学者は、私たちのカメラに向かって語りはじめた。

「欲望の時代の哲学２０２０～マルクス・ガブリエル ＮＹ 思索ドキュメント」は、彼のこの宣言で幕を開けた。「欲望の奴隷」「自らがもたらした不自由の呪縛」という表現から何を連想されるだろうか？　漠然とだが、いまという時代に漂《ただよ》うやり場のないある種共通した思い、解決の糸口が見えにくい課題、やるせない感情などが浮かびあがるのではないだろうか？　格差、分断、環境破壊、不透明化する未来。こうした「紋切り型」で現代の閉塞感を語ることすら、もはや何度目かのデジャヴのようにすら感じられるいまという時代……。

　そうした社会状況の中、静かに進行するのはテクノロジーの先鋭化であり、その利便性とは裏腹に拡散していくかに見える、人間の主体性の喪失《そうしつ》だ。実際それは、いつの間にかジワジワと効いてくるボディーブローのようで、深く静かに人々の無意識の中に浸透しつつあるように思える。

「ＡＩに意志決定を任せたほうが民主主義より信頼できる」「人生の選択をするならいっそデータ奴隷のほうが幸せだ」。こんな言葉を冗談ではなく聞くようになってどれぐらい経

「人間は、自らがもたらした不自由の呪縛から、脱出せねばならない」
マンハッタンブリッジの桟橋で、ガブリエルは語りはじめた

つだろう。いずれにせよ、コンピュータという存在が社会の隅々まで浸透し、そのインフラが社会を構成し、人々の意識をも規定していく現象は、どんどん加速化しているように思われる。もちろん、技術そのものはニュートラル、単に利便性において使えばよいはずだ。だが本当にいつの間にか、その「利便性」は、身近なところで私たちの社会のルール変更を迫るようになり、さらに私たち自身の人間関係の作法も変え、さらに意識、無意識のあり方にもいよいよ変容を迫っていく。イノベーションが最後には大きな渦《うず》となって、社会を、人を変えていく。

　その激変の時代の中にあっては、原初的な問いこそが大事になる。そもそも、自由とは？　社会とは？　人間とは……？　哲学者の出番、という

わけだ。

前回のＢＳ１スペシャル「欲望の時代の哲学」では、二〇一八年初夏、東京、大阪、京都と日本を駆け抜けるガブリエルの姿を追い、そのドキュメントをベースにさまざまな場で発せられる彼の言葉を、「マルクス・ガブリエル　欲望の時代を哲学する」として再構成した。今回はその第二弾、二〇一九年晩秋に、ニューヨークという場で彼の思考の軌跡を追い、現代社会への処方箋を語ってもらった記録だ。番組には収めきれなかった言葉を味わっていただきたい。

ひとまずわれわれ取材班が彼に持ち掛けたキーワードは、人間、自由、闘争、倫理、ＡＩ……。資本主義、民主主義、社会、文化、精神、そして、欲望。そこから思考の軌跡を追うドキュメントは始まった。

本書の構成を簡単にご紹介しよう。

まずⅠ章では、「自由」をめぐる逆説が展開する。「自由」なコミュニケーションをもたらしたはずのＳＮＳが、実は社会を破壊、人々を分断し、また、「自由」な消費をもたらす消費社会がある種の不自由を生む皮肉を、カントらを手掛かりに明らかにしていく。

Ⅱ章で目指されるのは、袋小路にある資本主義の更新だ。ホッブズ以来の「闘争」という社会観を乗り越えるためにはどんな認識の仕方がありうるのか？　ヘーゲルを糸口に格差社会を考える。

さらにⅢ章は、時代のテーマＡＩが人々の認識に与える影響への考察をきっかけに、人間の思考の本質に迫り、ある大胆な仮説が示される。この三つの章を通して、彼が掲げる「新実在論」をベースとする社会認識のあり方がより立体的に理解できるものとなっていくことだろう。

そしてⅣ章は、大阪市立大学准教授、社会思想家の斎藤幸平さんとの対話だ。二〇一八年来日時もお世話になった斎藤さんに今回も通訳を依頼したわけだが、同行の旅の最後に、あらためてさまざまな話を引き出してもらった。ガブリエルの信頼も厚い斎藤さんだからこそ生まれた言葉、哲学者の本音も味読していただきたい。

終章では、ガブリエルの哲学をどう位置づけ、どう活かすか、その可能性を考えるための補助線を引いてみた。

哲学は、時代との格闘だ。ガブリエルが、カント、ヘーゲルらの思考を引きつつ、いまという時代の課題に立ち向かうとき、あらためて歴史上の知の巨人たちの概念にも血が通いはじめる。ドイツ観念論の系譜の中にある自らの立ち位置を自覚しつつ、巨人たちの精神をいまという時代に召喚《しょうかん》した上で「新実在論」が開く視界は……?

早速、思考の旅へ出かけよう。

Ⅰ章　自由意志のパラドックスを解く

――カントから考えた「SNS社会のワナ」

複雑性が私たちを不安へと駆り立て、リアルを歪める

私たちはいま、自由の「限界」について、とても深刻な懸念を抱いていると言えるでしょう。この番組をご覧になる視聴者、あるいは読者のみなさんの中にも、自らの自由がとても危険な状態にさらされていると感じ、不安を持っている方々もいらっしゃるかもしれませんね。

現代に生きる私たちは、大きな力――資本主義、人工知能、あるいはデジタル分野における驚異的な技術の進歩など――実にさまざまな角度から、脅威《きょうい》にさらされています。このデジタル社会の中で、人間という存在が消え去って、ごく小さな断片に、つまり簡単に操作し再構成できてしまうスマートフォンのモジュールにでも分解されてしまうかのような恐怖を抱いています。そして、このプロセスの最後には、自由や個性が完全に失われてしまい、自らが単なる消費の対象になってしまうのではないかという無力感に覆《おお》われているのです。これは、実は信じられないほど広がっている感覚であり、意識、無意識どちらのレベルかを問わず、多くの人々がこのように感じていることを、私はよく理解しているつもりです。

いま私は、ニューヨークの中心、マンハッタンのビルの高層階で話しています。窓から周りを見渡せば、目に飛び込んでくるビル街は、まるで無限の連なりのようにすら感じられます。現実にはもちろん無限ではないものの、ここには、非常に高いレベルの社会的な複雑性があると言えるでしょう。

社会的な複雑性というこの重要な概念をまず考えてみましょう。この概念こそが、自由について、人々をさまざまな不安へと駆り立て、民主主義の価値の危機、人間そのものの危機、リアリティそのものの危機を煽《あお》り立てているものだからです。多くの人々がどこかしら、自分自身が確かに生きているというリアリティから切り離されていると感じていることとも無関係ではないでしょう。そのような考えによれば、いまの私たちは、たとえてみれば、目の網膜を通して世界を眺めている脳のようなもので、そこにはあるフィルターを通したバイアスがつねに存在しているというわけです。

つまり、リアルな姿が、歪《ゆが》んでしか見えないことになっているのです。

どんな社会システムも複雑性を抱えている

さあ、いまの世の中のさまざまな現象を眺めてみましょう。現代の社会の複雑性と向き合ってみるのです。社会的な複雑性とは、その言葉が示す通り、複合的かつ複雑なリアリティを伴いながらも、実は、きわめてシンプルな現象のはずなのです。

たとえば、銀行という場を考えてみましょう。

ここマンハッタンには、とてもたくさんの銀行やソフトウェアの会社があります。グーグルは通りのすぐ先にありますし、アップルのマンハッタン本社などもありますね。銀行という一つの金融組織をあらためて観察すると、そこにはさまざまに異なる社会の遠近法、構図が見えてきます。フロアの清掃をしている人もいれば、ＣＥＯ、ビルの建築家もいます。デジタルインフラを支える人たちや、数多くの従業員、顧客もいるわけです。

このように非常に複雑なシステムがそこにあり、この銀行で役割を果たすすべての人々が、銀行という存在、会社という存在に貢献しているのです。それぞれの人に見えている視点、それぞれの人の目に映る光景と無関係に存在する会社などありえません。そして会社は、私たち自身に対しても、多様な見方を生み出すことでしょう。会社という場で、人々はみな、給料をもらったり、搾取《さくしゅ》されたりしているわけですからね。

とはいえ、社会的な複雑性は、それを見ている人々の目の中にだけ存在するのではありません。私たちは、起きていることをすべてコントロールすることはできないのです。システムは、そのシステムの中で人々ができることをある程度左右します。つまりシステムが、ドイツ語でSpielraum（余地／余裕）という概念で示されるものを、私たちに与えるのです。もう少しそのニュアンスをかみ砕いて説明するなら、「裁量の余地」と言ってもいいかもしれません。

これが組織の役割です。どんな社会システムも複雑性を抱えているのです。

自由とは？——哲学はある概念が本来何であるかに答える

グローバル資本主義というシステムの中にあっては、その複雑性は、どんな個人的選択をも超えたところにあると思われるかもしれません。だからこそ、人々は、こうした複雑性の高まりに脅威を感じているわけです。いま世界中で起きていることを人々は脅威と感じ、さまざまな危機を感じているわけですが、それは、人々がその複雑性に対応しようとしている証拠です。

そしてそのとき多くの人々は、その複雑性を大幅に減らすことによって、社会の本質についての幻想を作り出して対処しようとしているように、私には思えます。これは、この時代の根本的な問題です。以下でこのことについて詳しく説明していきましょう。ここにまず、私たちがまさに理解しなければならないポイントがありますからね。

その際の最善の方法は、哲学的なツールを使って、この問題を理解することです。私たちが、理解不能な力学の犠牲者とならないために、哲学こそ、この複雑性の力学を理解するのに役に立つ最良の学問であるはずだからです。特殊な一つの角度から、さまざまな社会的な複雑性を見つめてみましょう。そして、最後に自由の概念そのものを再考する術をご紹介しましょう。

あらためて、自由とは何なのでしょうか？　自由は民主主義とどのように関係しているのでしょうか？　そして、なぜ民主主義は世界中で脅威にさらされているのでしょう？

それこそが哲学者の仕事です。哲学者は、ある概念が本来何であるのかという問いに答えようとします。正義とは何か、美とは何か、都市とは何か、銀行とは何か、人の心とは何か、人間とは何か、人工知能とは何か、社会的ネットワークとは何か、といった問いです。

これらは、すべてこの時代の問いであり、哲学はそれに答えることができる学問なのです。

カントによる「自由意志」はどこまでが「自由」か、問題提起する

「自由」とは？　その定義の背景を考えるには、歴史を知らねばなりません。日系アメリカ人の政治思想家であるフランシス・フクヤマが、著書『アイデンティティ』で指摘しているように、「自由」は現代人の精神構造にとって非常に重要な役割を果たしている、歴史に関わる事柄です。

フクヤマは、ドイツ哲学を想起させる主張を展開しています。彼は、アメリカ社会を構成する思想の三本の柱として、哲学者のイマヌエル・カント、ゲオルク・フリードリヒ・ヘーゲル、そして神学者のマルティン・ルターをあげていますが、これはきわめて興味深いパラドックスです。なぜなら、アメリカのアイデンティティについて語っているはずのフクヤマが自ら、「アメリカのアイデンティティとはドイツ哲学にほかならない」と言っているように思えるからです。これ自体が、注目すべき現象と言えるでしょう。

このねじれた問題について私自身の解決策をご紹介する前に、自由と自由意志を理解する上でドイツの偉大な哲学者たちが果たした貢献について見てみましょう。最初に理解する必要がある哲学者は、イマヌエル・カントです。彼こそ、価値体系としての自由と民主主義を考える上で、とても重要な人物だからです。

カントは、ある概念を導入しました。「自由意志」という概念です。ある意味で、その概念を理解するのは、とても簡単です。カントは複雑に説明していますが、彼の考えは実はとてもシンプルなのです。まず、彼は意志の概念を定義します。私たちが自由について語るとき、私たちはしばしば、同時に自由意志について語り、それらは私たちに任されていると考えます。

あることが私に起こります。たとえば、手の爪が伸びたり、歳を取ったりします。この世に生まれてから、さまざまなことが私には起こり、そして最後には死ぬことでしょう。こうして私に起こることに対して、私にはできることもありますが、できないこともあります。私の肉体は細胞で構成されていて、宇宙には定数があります。重力は、宇宙にある一定の方法で存在し、私の肉体を制約します。

他者への認識と想像力まで含んだ意志が、「自由意志」である

自然には、一定の法則があります。これについては、私は好き勝手にはできません。私は、これらの法則を見出します。私は、それを変える決定はできません。私が何をしようが、自然の法則を変えることはありません。それは、私の勝手にはならないのです。その

一方で、なかには、私の勝手になるものもあります。誰と結婚するかとか、誰と昼食を食べるかとか、何に賛成するかとか、どのように考えるかとか、私は何が好きか、などです。その意味では、私の人生、あなたの人生の中で、多くのことは、私たちの勝手に任されています。それらは、自由と自由意志に関連したものです。

さあ、ここでカントの登場です。カントは、自由と意志について、非常に興味深い定義を与えています。彼の言葉を引用しましょう。「意志とは、私たちがなすべきことを表して行動する能力のこと」です。これは、おおよそ次のようなことを意味します。まさにいま、あなたは私を見ていて、私が踊りはじめるとは思っていませんね。少しだけならまだしも、もし私がこれから一時間踊りはじめたら、このインタビューの私の「語り」は、成立しなくなってしまうことでしょう。また、もし私の言葉を映像を通して聴いて、あなたが突然隣人を殺しはじめたら、あなたも重大な間違いを犯していることになります。当然のこととして、私たちがすべきことはいくつかありますし、人間が置かれているあらゆる状況において、私たちがすべきことと、すべきではないことがあることを、私たちは知っています。いずれにせよ、こうしたことには、誰もが同意することでしょう。

その意味において、カントの考えによれば、拷問者《ごうもんしゃ》やきわめて邪悪な人でさえも、拷問を上手に行うためにはしなければならないことがあるし、またしてはならないこともあると知っているのです。拷問者であろうとマザー・テレサであろうと、何をすべきか、何を避けるべきかについて、ある種のイメージを持っているのです。

自分自身の見方に照らして行動するこの能力こそ、カントが「意志」と呼ぶものです。意志とは、時に自分自身を考えることによって、物事を行う、という意味です。私は、カメラの前での自分の体の位置を認識していますし、あなたが私の言葉をどのように理解しているかについても、認識と想像力を持っています。

意志の調整の最適化としての「自由意志」が働けば、自由=道徳となる

いまこうして私が話し、それが映像で記録された番組をご覧になっている方には、画面の下に、おそらく日本語字幕がついていますね。私にはいま、日本語の字幕は見えませんが、画面のこのあたりに字幕があるだろうと想像はできます。それは、いま私がしていることが実行されているということです。つまり私の行動は、あなたの心の中の私のイメージに照らして行われているのです。それは、社会的な複雑性のほんの一例です。いま私たちは、同じ社会システムの一部となっているのです。それは、私に意志があり、あなたに

も意志があり、私たちの意志が、この特定のケースにおいては、メディアを通して調整されているということを意味します。この番組にはディレクターがいて、ＮＨＫというテレビ局があって、日本には多くの街があり、さまざまな見方をする人々がいる、非常に複雑な社会システムがあります。ここに関わるすべて、あらゆるインフラが、多くの意志によって、調整されているプロセスなのです。

カントによれば、自由意志とは、意志の調整の最適化のことです。ですから、もしあなたが意志をうまく均衡《きんこう》化《か》できるなら、そしてよい均衡を達成したいと思うのならば、それは自由意志であり、だからこそカントは、道徳と自由は同じだと考えています。さらにカントによれば、悪人も完全に自由ではありません。なぜなら、悪人は、自由な人々を破壊したがるからです。良い人、良いインフラ、良い組織は、実際には、自由意志の量を増やす機能を果たします。

「自由意志を欲する自由意志」こそが民主主義

こうしたカントの議論に、ヘーゲルを登場させてみましょう。実は、これは冒頭に触れたフランシス・フクヤマの主張に関わる話でもあります。

ヘーゲルは、『法の哲学』という非常に重要な本を著しました。そこで彼は、法の支配とは何か、すなわち、今日私たちが民主主義と考えているものを定義しています。彼が民主主義という言葉を使っていないのは、当時は、民主主義という言葉が、現代のような意味を持っていなかったからです。おおむね、私たちが民主主義と言うとき、ヘーゲルが「法の支配」ないし「権利の支配」、あるいは「権利の体系」と呼んでいたものを意味します。これらは、ほぼ同じ考え方で、ヘーゲルは法の支配という基本概念を、いくつかの美しい表現で定義しています。

だから、「民主主義」はヘーゲルの言葉ではありませんが、私はいま、それを彼の言葉として使うことにします。民主主義とは、「自由意志を欲する意志」のことです。すなわち、それは、「自由意志を欲する自由意志」なのです。これは、裁判などの場を思い浮べてもらえば理解できることでしょう。あなたは、隣人に気に入らないことをされたとき、裁判を起こします。隣人ともめごとになったり、交通事故にあったりもします。そして裁判になって、判決を受けるとき——裁判官が判決を下すときには、いったい、何が起きるのでしょうか。

公的な判断が行われます。すなわち、私たちの意志の調整がなされるということです。

ですから、判断という概念や正義という概念が意味するのは、私が欲しいものを手に入れるということでも、ほかの人が自分の欲しいものを手に入れるということでもありません。正義の概念とは、さまざまな意志の調整を行い、そのバランスを再び確立させることなのです。判決が出れば、私たちはまた隣人として暮らすこともできます。だからこそ、ドイツ哲学の伝統全体が、思考すること——思想家として私たちがすること、つまり人間であること——とは、判断することである、と述べているのです。

実は、そうカントも述べています。思考することとは、判断することである、と。ここに到ってカントからヘーゲルへと思想のリレーがつながるのです。

マンハッタンには自由の「イメージ」が乱反射する

なぜ「思考すること」は「判断すること」なのか?

それは、あなたが思考するとき、あなたはつねに暗黙的にも、また明示的にも、自分の判断や行動の影響について、いつも考えているからです。私たちは社会的な存在であり、自由意志を持っています。自由意志とは、自分の行動が他人にもたらす影響に照らして自分自身を考えられる能力であり、その行動が取れる能力のことです。なぜなら、あなたは自分自身をイメージでき、他者をイメージでき、さらにあなたのイメージに対する他者のイメージをまたイメージできるからです。

では、社会的な複雑性がどのように機能するかを見てみましょう。私は、あなたの私のイメージに対するイメージをイメージします。あなたは私のイメージをイメージし、それを私はイメージしますが、そのあなたのイメージは、あの人のイメージを、あの人がイメージしたもののイメージです。あなたは、イメージ、イメージ、イメージ、イメージ、イメージ、イメージを受け取ります。鏡、鏡、鏡……そこにあるのはまるで鏡を向き合わせたときに起きる無限のループのようです。アーティスト草間彌生《くさまやよい》が表現した「インフィニティミラールーム」です。ここニューヨークのチェルシーのギャラリーにも、彼女が作った新しい部屋ができました。インフィニティミラールームは、社会的な複雑性を持っています。

窓の外にはマンハッタンが見えますが、多くの摩天楼《まてんろう》がほかの摩天楼やビルを鏡のように映しています。これらすべての建物は、全体として社会的な複雑性を映し出しています。ここに見えているのは、人間の自由のイメージのイメージです。これこそ、人々がマン

ハドソン・ヤード地区の天に溶け込むようなガラスの高層ビル

ハッタンを好きな理由です。そして、だからこそ、マンハッタンはかくもパワフルなのです。

マンハッタンの新しい地区、ハドソン・ヤードは、空の色の摩天楼から成っています。これらの摩天楼は、天そのものに溶け込んでいるので、目には見えません。文字通りの摩天楼です。それらは空に向かっていますが、また空のようにも見えます。まさにそれなのです。人間の社会性は、その文脈に溶け込んでいます。それは社会的な複雑性と人間の自由です。

そしてその光景は、まるでグローバル資本主義が、私たちを自由にするかのように見えるのです。

不完全なミラーリングによって、自由が絶えず自らを攻撃する

このマンハッタンの街並みに象徴される資本主義がもたらすかりそめの自由こそ、まさにフランシス・フクヤマが一九八九年、彼の名を世に知らしめた『歴史の終わり』の中で提案したことです。フクヤマは、カントとヘーゲルが人間の社会性を正しく捉えていたと考え、ソビエト連邦の崩壊は必然的にグローバル資本主義へとつながり、私たちを自由にして、すべての人間に民主主義をもたらすと考えました。

しかしいま、そんなことは起きていないようです。現在私たちが目《ま》の当たりにしているのは、むしろ正反対の事態です。つまり、過激で反動的な回帰と、民主主義への攻撃です。ここまで私が述べてきたことに照らして、重要なことを問わなければなりません。実際に、何が起きているのでしょう？　もしこれが民主主義であり、もしこれが自由意志であるならば、私たちは、もっと民主主義を大事にし、もっと自由意志を持つべきであることは明らかなはずです。

なぜそうなっていないのでしょう？　なぜ私たちは自由の広がりを見ていないのでしょう？　なぜ私たちは、人間が自分たちの行動を調整する道徳の広がりを見ていないのでしょう？　なぜ私たちは、惑星の破壊やロボットの台頭《たいとう》、いわゆるポピュリズムの台頭と

功利主義的体制の台頭を目の当たりにしているのでしょう？　なぜこのようなことが起きているのでしょう？

私の診断を示しましょう。アメリカの哲学者スタンリー・カヴェルの見事な表現を借りれば、「自分の人間性を否定したいという願望ほど人間的なものはない」のです。ここでカントに戻って、自由のこの重要な歴史の中でのもう一つの側面について、お話ししましょう。

人間の自由は、絶えず自らを攻撃します。なぜか？　それは私たちが、他人に対して抱くイメージを、さらにその人が抱く私たちのイメージを、楽しむことができないからです。社会的複雑性とは、わずらわしいものです。だから、人間はほかの人と一緒にいるのが好きですが、実は同時に、人間と一緒にいるのが嫌いでもあるのです。

完璧なパーティーなどないことは、みなさん、ご存知ですね。あなたは、パーティーや、そのほかの社交の場に出かけます。それらの場は、あなたを楽しませるために設けられたものです。あなたがそこに行くのは、社会的な状況を楽しみたいと思うからですが、いつも何かがおかしいのです。あなたが期待していたものとは必ずしも一致しないものがつねに存在します。それは、あなたが自分に対して抱いてほしいと思っているイメージに合わないイメージを抱く人が、その場にいる、という事実です。

コンピュータ内のデータを、同時に別の記憶装置に書き込むことをミラーリングと言いますが、私たちはあたかもそのミラーリングのように、いつもさまざまな記憶の複製を行っています。そして、また私たちのお互いのミラーリングは、構成的に不完全なのです。だからこそ、一方では他者からある視点で見られることを望みながら、その一方で、それがゆえに他者が自分に対して究極の力を持っているという事実を忌避《きひ》しているのです。したがって、他者の自由意志は、私たちが私たち自身であるために必要なものであると同時に、私たちが持つ自分自身のイメージを損ねる可能性があるがゆえに、私たちが恐れるものでもあるのです。

これが、社会的な複雑性に対する一つの反応であり、ポピュリズムの先導のもとに、まさにいま、起こりつつあることです。自由民主主義への攻撃は、社会性そのものを破壊しようとする試みなのです。

理想の「自己イメージ」を投稿するSNSは、自由意志を損なう

さてこれからお話しすることには、みなさん、少々ショックを受けるかもしれません。

ソーシャルネットワーク——たとえばフェイスブックなどのことを考えてみてください。すべてのデジタル・ソーシャル・ネットワークのもとで、いま述べたようなことが、現在起こりつつあるのです。ツイッターでも、ユーチューブなどでも、すべてが必然的に自由意志を損ない、自由や民主主義を必然的に損なっているのです。それは、副作用ではありません。フェイスブックは、私たちを解放したわけではありません。人々の社会性を損なうのは、社会的ネットワークの構造の必然なのです。

フェイスブックとは何でしょう？　このもっとも有名なソーシャルネットワークの成功例を用いて説明しましょう。インスタグラムなど、ソーシャルネットワークはそれぞれ仕組みこそ異なっていますが、共通する概念があります。この概念の中心となるものをフェイスブックが生み出したのです。

フェイスブックの本質、それはあなたが自己イメージを表現できるプラットフォームを提供することです。その意味で、みなさん、ある出来事を撮影した写真をフェイスブックに投稿しても、気に入らなかったことは投稿しませんよね。私は、いま起こっていることを自分がどのように見てもらいたいかに応じて、投稿します。あなたは、ディナーパーティーに行って、写真を撮ります。どの写真を投稿しますか？　あなたの理想的な状況を表せると考えたものですね。このプロセスを通して、私たちはデータとは何かを定義することができるのです。データとは、新しい石油だとも言われます。なぜでしょう？

データとは、自分自身を表現する方法です。もし私があなたについてすでに十分なデータポイントを持っているなら、あと少しのデータで十分です。誰に投票するか、誰とセックスしたいか、好きな食べ物は何か、政治的な理想は何か、どのテレビ番組のシリーズが好きか、ある商品にどれだけお金を使うかなどを知ることができます。これはとても簡単です。というのも、ソーシャルネットワークであなたが行っているのは、自分が好きなことをネットワークに伝えることだからです。それがあなたの投稿なのですから。あなたは、理想の自己イメージを投稿します。だからフェイスブック＝「外面」の「名簿」と呼ばれているのですね。

フェイスブックは、あなたを不自由にすることなくあなたを知る

フェイスブック誕生の起源は、ハーバード大学にあります。当時在学中だったマーク・ザッカーバーグがそれを発明したとき、彼はさまざまな顔を見せ、人々は性的な魅力や、それらの顔への共感によって、ランクづけを行うことができました。まさに、フェイス

ブック＝「顔」の「名簿」だったのです。そして、あなたは、それらの顔をライク＝「好き」とディスライク＝「嫌い」に分けることができました。
「好き」／「嫌い」のようなパターン分けこそが、フェイスブックなのです。なぜなら、ひとたびあなたが何かを好きになると、あなたは自動的にその好きな何かを投稿します。実際、嫌いなことは投稿しません。自分自身の好みは投稿しますが、ただそうしているだけなので、あなたは意識していません。あなたは自分が何をしているかに、気がついてすらいないのです。プラットフォームはデータを登録するだけだからといって、中立であるわけではないのです。

フェイスブックがデータを持つと、あなたについての予測ができます。一見、何の問題もありません。ここでのパラドックスは、だからといって、あなたが不自由にはならないということです。別にあなたを操作して、あなたをあなたではない何者かに変えてしまうわけではないのですから。ただ、「表現したい自分」を表明するプラットフォームを人々に提供するだけです。誰も本当の自分など持っていませんから、あなたはそこで本当の自分を表現するわけではないでしょう。

あなたがフェイスブックで表明しているのは、あなたの理想であり、あなたの行動なのです。

ここで、カントを思い出しましょう。自由意志とは、自分自身や他人の認識に照らして行動する能力のことでした。もし私があなたと他の人たちに対するあなたの考えを知っているなら、私はあなたの意志を知っていることになります。つまり、あなたが何を望んでいるかがわかるのです。

だから、データとは新しい石油なのです。他人の心の内を知る以上に価値あるものが、あるでしょうか？

ソーシャルネットワークへの参加は、報酬ゼロの労働

人類の歴史において、あなたが何を望んでいるかを正確に知る企業が現れることなど、一度もなかったことです。なぜなら、彼らのビジネスモデル自体が、あなたが彼らに伝えることから成り立っているからです。ここに、あなたが気づきさえしないであろう、もう一つの逆説があります。次のように考えてみてください。

ソーシャルネットワークや、検索エンジンのようなデジタルエンジンを使うときはいつでも、グーグルでも何でもいいのですが、それをするときにはいつでも、あなたは明らか

にデータを生産しています。なぜなら、何かを検索するときは、あなたが好きなものを検索するからです。ですから、あなたは心理療法士に対して以上に、自分自身のことをグーグルに伝えています。たとえばカウンセリングなどを受けに行っても、恥ずかしさから身を小さくして隠してしまうことがあるかもしれませんが、グーグルには隠したりしませんよね。グーグルはあなたのことを、心療内科医や、あなたの妻や母親以上に、よく知っているのです。それは、あなたが彼らにすべてを伝えているからです。

これは、あなたが彼らのためにデータを生産していることを意味します。これらのデータには、精密な価値があります。ひとまとまりの大容量のデータ――いわゆるビッグデータ――があれば、確実にその社会性を予測することができるからです。グループがこれから何をするかが予測できます。個人を知る必要はありません。必要なのはデータポイントだけで、データポイントをいわゆるメタデータに接続するだけですから、これは完全に合法です。

これによって、人々がこれから何をするか、予測することが可能になります。適切な株に投資し、適切な不動産を購入し、適切な映画を上映し、適切なレストランを開き、エアービーアンドビーなどの適切なマンションを借りる、などです。その意味であなたは多くの

「貢献」をしているはずなのですが、フェイスブックから代わりにどれだけのお金をもらっていますか？

残念ながら、あなたがフェイスブックの社員でない限り、報酬はゼロですよね。あなたがただのソーシャルネットワークのユーザーなら、あなたはお金をもらえません。これは、文字通りの意味です。今日これらアメリカの大企業や中国の企業によるサービスを使って、インターネットに費やす一分は、いかなる一分であれ、あなたは無報酬で仕事をしていることになるのです。

たとえば、私があなたの目の前に現れて、会社を所有していると言ったとしましょう。そして私は、あなたに私の会社を掃除してほしいと言います。私の会社の社員は、私のマンションを掃除するあなただけです。その仕事では、あなたはまったくお金をもらえません。すごいことではありませんか？　あなたは、この男はどうかしている、絶対にそんな仕事などしないと言うでしょう。そう思うかもしれませんが、これがフェイスブックを使っているときに、あなたがしていることなのです。あなたは会社のために働いているのに、その会社のことをまったく知らないのです。なんらかの見返りは得られます。つまり、データです。どこに行けばいいかなど、何かを見つけることはできますが。

これは私に言わせれば、搾取《さくしゅ》です。企業への労働が、ゼロ価値になってしまっているのです。経済的価値がゼロになる、こんなことは、デジタル化以前の時代には、なかったことです。彼らはあなたに最低賃金を支払うべきです。それが、私の提案です。

このように、ソーシャルネットワークには、根本的に間違っている何かがあるのです。いまや、それが搾取だということはわかったのですが、実はもっと深刻な問題があります。

人間の自由の心臓部を破壊することなく攻撃する——ソーシャルネットワーク

民主主義の機能は、裁判所が存在することを意味します。もし誰かがあなたに害を与えたら、法律的な正義を得る方法があります。だからといって、あなたの人生が必ずしもよくなるわけではありません。もし誰かがあなたの好きな人を殺したら、あなたにはどうすることもできないのです。これはまさに恐怖ですが、民主主義社会では、ある条件下であなたが得られる法的正義は存在しています。そこがポイントなのです。

ここは西部の未開拓地ではありません。隣の角にいる男が私を撃って、私のマンションを乗っ取ることができるわけではありません。私は法の支配によって守られています。

それに対して、私がソーシャルメディアを利用していても、私は法の支配によって守られてはいません。人々は、オンライン上では私を攻撃することができ、アナログな公共の場ではやらないことを、何であってもできるのです。なぜなら、いまだに民主主義的価値を実現する唯一のシステムである国民国家は、オンライン上で起こることについては、発言権がないからです。ですから、西部の未開拓地同然です。ネット文化がカリフォルニアから生まれたのも偶然ではありません。こうして西部の荒野が、民主主義の社会的形態に取って代わりました。これが、ソーシャルネットワークが必然的に民主主義を損なう理由なのです。

その簡単な証拠をお見せしましょう。オンライン上で誰かと深い意見の相違があったとしましょう。次の日本の選挙で誰に投票すべきかであれ、東京のビジネスマンの労働時間を減らすべきかであれ、とにかく何かをめぐって言い争いになったとしましょう。ストレスや自殺、新幹線の値上げなど、人々が心配していることについて熱い議論があります。この熱い議論はオンライン上で行われますが、意見の相違をオンライン上で解決する合法的な方法はありません。

現実社会では、社会と法制度に危険な意見の相違があれば、法制度はその不一致を正義に変えることができます。これは、法制度の機能です。すなわち、人間同士の意見の相違を管理可能なものにすることによって、自由意志を高めるのです。しかし、ソーシャルネットワークにおいては、その機能がありません。ですから、純粋な、つまり管理不能な意見の相違が生じ、結果そのすれ違いが、社会を解体するのです。

あなたは、純粋に意見が合わない人とは、一緒にはいないでしょう。何かについて意見が合う人とのみ、社会的なつながりを持ちます。たとえば、あなたの恋愛の相手です。あなたの恋愛関係は、あなたと、あなたがなんらかの判断を共有するほかの誰かとのあいだにおけるものです。二人がともに好きなことが、いくつか存在します。もしあなたがすべてのことにおいてまったく意見を共有しないなら、社会的な関係は存在しないでしょう。その相手が好きかどうかについてさえ、意見が合わないことになってしまうのですから。すなわち、純粋な意見の不一致は、社会性とは両立しません。これが、オンライン上で起こっているのです。私たちは、不一致の機械を手にしてしまったのです。

意見が合わないとき、私たちは、自分の自己イメージを相手に対して、より明確に表現してしまう傾向があります。そのことによって、必然的にソーシャルネットワークは、人間の自由の心臓部を、破壊することなく攻撃するのです。人間の自由は、遊びの中にありながら、私たちが意識することのない形象や形式にいつの間にか操作されているのです。

こうした状況は、コンピュータ科学や人工知能のメカニズムを含む人間行動の心理的・経済的モデルを使って、研究されています。ソーシャルネットワークのプラットフォーマーたちは、このことを知っています。こうしたことを十分に認識した上で、お金を稼ぐために、私たちに対してそれを使っているのです。これこそが、いま起こっていることなのです。

欲望は満たせても欲することはできない——自由意志はない？

ドイツの哲学者、アーサー・ショーペンハウアーは、パラドックスを発見しました。自由意志のパラドックスです。このパラドックスをご紹介した上で、私が発見した解決法についてお話ししましょう。それは、完全に新しい解決法であり、すべての時代において最善かつ唯一の解決法であることを願っています。もちろん、これはさまざまな哲学者たちが試み続けていることではありますが。パラドックスとは何か、それをどのように解決するか。

ショーペンハウアーのパラドックス、それは一行で述べることができます。

「欲望は満たすことはできるが、欲することはできない」。

たとえば、私には欲望があります。私は、バニラアイスクリームよりもチョコレートケーキが欲しいとします。もちろん、私は「したいこと」ができます。バニラアイスではなく、チョコレートケーキを買うことができます。

しかし、私が「欲しいもの」については何も言えません。チョコレートケーキを欲しいと思ったとき、バニラアイスよりもチョコレートケーキのほうが好きだと私が決めたというわけではありません。もし、私が自分の欲するものを決めたとしても、私は、なぜそちらを欲するようになったかを決めたわけではないのです。なんらかの時点で、あなたが何かを欲したとしても、それはあなたの意志ではありません。言わば爪が伸びるような感じ、すでにしてあなたの中にあった属性のようなものなのです。

このように自由意志のパラドックスが示そうとしているのは、究極の定義においては実は自由意志は存在しないということなのです。そこにあるのはただ、私があることをしているということだけで、実際の意志決定はないのです。これが、自由意志のパラドックスです。

自由意志と決定論は両立する

さて、自由意志のパラドックスに対する解決法をお伝えしましょう。自由意志のパラドックスが生じるのは、私たち自身について、二つの対照的な考えがあるからです。

一つは、私たちがさまざまな物体からなる非常に複雑なシステムの一部であるということです。そのシステムを単に宇宙と呼びましょう。宇宙にはクォーク、電子、分子、銀河系などがあり、これらはすべて物理学の法則に従って機能しています。あなたは、私たちの行動などちっぽけなものだと思うかもしれませんが、実際は、小さな規模の宇宙の展開とも言うべきものです。銀河系の動きのようなものなのです。こうした見解は、おおむね決定論と呼ばれます。

決定論によれば、いま起こっていることはすべて、私たちが生まれてすらいない昔に始まった出来事の必然的な結果です。いま、私が左手をあげても、これは、まさにビッグバンと自然の法則の結果というわけです。このことに、私には異論はありません。そのようにして、物事は起こります。

太陽が輝くのと同じように、私は左手をあげ、何かを考える。これが、ショーペンハウアーの考えです。ショーペンハウアーは、自由意志のパラドックスによって、そのような意味での真の自由意志など存在しないことを証明できると考えています。これは、必然的に起こることなのだ、と。

では、私たちは、どうすればこの問題を解決できるのでしょうか？　あるいは、ショーペンハウアーの考えは正しく、私たちは、決定論者となって、自分たちには自由意志などないと信じるべきなのでしょうか？

そこで、私たちは、哲学における、あるとても有用な区別をつけることができます。両立論と非両立論です。両立論によれば、自由意志と決定論は両立可能です。どちらも持つことができるのです。非両立論によれば、それらは両立不可能です。自由意志か決定論のいずれかということになって、両方正しいということにはなりません。これらは哲学者たちが分析してきた二種類の立場ですが、私は一瞬で両立論のほうが明らかに正しいことを証明できると思います。非両立論は誤りです。そちらを選択することはできません。私たちは両立論者でなければなりませんが、両立論とは、私の考えでは、両方を得ることを意味します。私たちは、決定論と自由意志の両方を得ることができますが、私たちは、その両方の概念を理解する必要があります。

本当の決定論とは何かをお話ししましょう。もっとも強力な決定論を示し、それが自由意志と完全に両立することを示します。そうすれば、パラドックスはなくなるでしょう。

決定の連鎖の中にある意志

決定論のもっとも強力な形態は、私が「充足理由律」と呼ぶものです。それは、伝統的な哲学原理です。とても簡単なことです。

車のエンジンをかけ、それからキーを回したり、ボタンを押したりするのを想像してみてください。車が動くには、これらが条件となります。しかし、そもそも車を持っていなければなりませんし、車にはタイヤがついていなければなりません。さらに、宇宙に関する自然法則のように、車のエンジンが動くためにはさまざまな物理的条件が必要です。それらを必要条件と呼びましょう。これらの条件の一つでも満たされていなければ、エンジンを始動させることはできません。

しかし、これらの条件だけでは不十分です。なぜなら、あなたがエンジンを起動しなければならないからです。あなたが車を持っていて、自然の法則に従っているからといって、車が発進するわけではありません。あなたが車を動かさねばなりません。車を発進させることが、必要条件に対する十分条件となります。すべての必要条件を満たし、それから何かをすると、これがパラドックスを生むのです。

　現実は大きく異なります。実際には、その出来事、この場合は車の発進ですが、単なる必要条件だけでは起こらない、ボタンを押すなどの行動を開始しなければならない――つまり、ボタンを押すことが、行動の一部なのですね。

　哲学的な言葉で言えば、ある出来事や人間の行動に必要な条件が、ともに充足されるということです。すべての条件を満たしていれば、どんなことでも起こるでしょう。これが決定論です。ボタンを押す私を含め、すべての条件が揃《そろ》ったら、私は車を運転できるのです。

　車、重力の物理学的法則、ボタンを押す行為など、必要条件に違いはありませんし、差もありません。なぜなら、私が何かをするということは、宇宙に起きることの一部だからです。私は現実の外にはいません。

　私は現実に存在し、私はマルクス・ガブリエルという一部であり、宇宙に起こることの一部なのですが、そのことは自分の認識に照らして何かをするとき、自由意志を忘れてはいないことを意味しています。環境に優しくしたいからとか、動機はさておき、私がテスラ車を買うかどうかとか、ドイツ車より日本車のほうが好きかどうか、などです。

もしこれが私の決定であるなら、現実の決定論的構造を破壊することはなく、決定論に貢献するでしょう。それは確かに私がすることですが、私がすることは、決定の連鎖の一部です。したがって、それを単にSelbstbestimmung＝「自己決定」と呼ぶことにしましょう。これはドイツ語でとても重要な概念です。

ガイスト＝精神があなたの主体性と現実をつなぐ

私が述べてきたことを表すもう一つのとても素晴らしいドイツ語をご紹介しましょう。ドイツ哲学の主要概念でGeist（ガイスト）と呼ばれています。これは英語ではうまく翻訳できませんが、日本語では「精神」ということになるのでしょうか？　ガイストとは、すなわち「自己決定」のことです。

ガイストは、あなたが現実の一部であることを意味しています。私たちは現実の外にいて、現実に関わっていないと思いがちですが、それは間違いです。それが、ショーペンハウアーの犯した間違いなのです。主体と客体が分裂してしまっています。つまり、あなたは主体であり、別に客体がある、あなたは自分が思考していて、別に世界があると思っています。これは、アメリカの世界観です。

現在のアメリカの世界観は、まさに主体と客体の差異化です。精神と世界の分離です。そこに、物理学が特徴とする世界観があります。そして、なんらかの形で、ここにあるものは、そこにあるものと関連していなければいけないというのですが、これがどのように機能するのか、誰も解明していません。

第一に、自分が現実の一部ではないと考えることが間違いなのです。自由意志を持った私たちが、現実の正当な一部であるのなら、あなたは決定論と自由意志の両方を持つことができます。両立論です。そして、もしそうだとすれば、もっとも強力な形態の決定論は、もっとも強力な形態の自由意志と両立します。これこそ、正しい解決法なのです。

ほかのどんな解決法も必要ありません。あなたは自分が現実の一部であることを、まさに認識しなければなりません。そしていまという時代、残念ながら、明らかに多くの人は自分が現実の一部ではないと思っています。ここに、真の問題があるのです。私たちには、なぜか自分ではないものに同一性を見出す傾向があることも、この問題をさらに難しいものにしています。

神と同化するか動物的欲望に堕ちるか

現代的な問題には二つの大きな傾向があると言えるでしょう。そこには、人間がどのように自分自身を疎外してきたのか、すなわちどのように私たちが自ら人間性を破壊し、どのように自由意志の問題と遭遇してきたのかについての長い歴史があります。

一つの大きな傾向は、自分を超越した何か――神、人工知能、超知能、決定因子など――と同一化することです。共感することです。あなたは、世界、魂、宇宙といった何かと同一化します。自分よりも大きい何かです。そうやって、あなたは自分自身を、高いところにある何か、すなわち天国に自分自身を溶け込ませます。

上を向いてください。これは、とにかくすべての宗教が求めることです。ここでは神道と一神教に違いはありません。宗教を信仰する人はみな顔を上げ、より大きなものへと溶け込んでいきます。現代においては、それが人工知能のイデオロギーです。このイデオロギーを受け入れて、私たちは、人工知能のようになろうとしています。私たちは、人工知能が自分たちのようなものだと考えているのです。

この一つの傾向――これがゆえに、あなたはリアルには存在しないのです。なぜなら、あなたのすべては、あなたを超越する複雑なプロセスの集まりだからです。あなたは、リアルではありません。あなたよりも大きな何かが存在し、それがあなたを見下ろしています。神、現代ならグーグルです。

人々がいかに自らを破壊し、自分自身の人間性を損なっているのか、もう一つの傾向は、動物性にまで降りていくことによります。これは、しばしば進化論が提示するところで、すなわち、自由意志の行使を含め、私たちが行うことはすべて、基本的には、動物的欲望の表現以外の何物でもないという考えです。ですから、私たちはいつの間にか進化論に毒され、自ら「自分の遺伝子を広めるようデザインされた高度な殺人猿」であるかのように思い込まされるのです。

物理法則という「必要条件」の中にある私たち

自由意志の問題を正しく解決するために、私たちが理解する必要があるのは、必要条件と十分条件の差異です。これが何を意味するのか、いま目の前にあるものを例に説明しましょう。

ここにクマのぬいぐるみがあります。もし私がこれを落としたら、ニュートンの法則に従って落下しますね。そう、重力です。私はこれを行うことができ、つねにぬいぐるみは落下します。そして、銀河系はこれによって動かされていて、このクマのぬいぐるみも重力の法則によって動かされ、私もまたこれによって動かされているのです。自然の法則がありのままであることが、これから起こることに必要な条件なのですね。これは飛び上がっていくのではなく、落ちていく。それが必要条件です。あなたは、いま私がこれを落とせば、何か新しいことが現実の中に入っていくと思うかもしれません。

物理学の法則と、このクマのぬいぐるみの特性――誰であっても、誰がここにそれを持ってきたのか、誰か製造したのか、誰が販売したのか、誰が買ったのかなど、これに関すること――によって与えられた必要条件があります。もしこのことが過去に起こっていなければ、いまこの場所でこのぬいぐるみが落下することもなかったのです。しかし、いま私が落とせば、これは新しいことだと、あなたは思うでしょう。これらすべての必要条件があり、モノがあり、それに加えて、新しい条件、すなわち十分条件があります。これは、ごく自然なことに見えます。

私がこのクマを落とすと、落下が起こります。これを出来事と呼びましょう。すなわち、クマの落下です。もう一度やりましょう。クマが落下します。クマの落下が起こるとき、私が指を開くという事実も、必要条件の一部になります。これは次のように定式化できま

「クマの落下が起こるとき、手の指を開くという事実も、必要条件の一部になる」

す。

　この出来事が起こるためのすべての必要条件のリストを書き出せば、そのリストは充足されます。必要条件のリストが、充足的原因です。ほかに原因はありません。これが真の決定論です。それはただ、現実、すなわち実際の因果的現実とは、小さな条件に分解できるということを意味しています。あなたは、これらの条件のリストを書き出すことはできますし、もし仮にすべての条件を知ることができたとすれば、あなたは現実のすべてを知ることができるでしょう。

　とはいえ、そのようなことは、不可能です。この不可能性は、物理学そのものからもわかっています。たとえば、量子力学からわかります。それゆえ、私たちは、そのリストを書き出すことは決してできません。ただし、だからといって、そのようなリストが存在しないという意味ではありません。単に、私たちがそのリストを書き出すことができないだけです。ですから、必要条件はすべて揃うと充足的原因になります。このことを人間の行動に――したがって、あなたの自由に当てはめてみてください。あなたが選ぶのは、バニラアイスクリームではなく、チョコレートケーキです。

　全部、つまり、そのすべてを説明できたならば、なぜ私がチョコレートケーキを選んだのか、理由がわかります。チョコレートケーキは、味蕾《みらい》、両親、遺伝子、宇宙、猿の進化まで巻き込んだものなのです。これは、きわめて複雑なことです。チョコレートの生産条件は、植民地時代の歴史です。なぜなら、チョコレートは植民地時代の産物であり、搾取であるからです。それがなければ、チョコレートは、いまのようなものではないでしょう。それは、チョコレートには、多くの場合砂糖が含まれていますから、不健康になりたいというあなた自身の欲望とも言えるのかもしれませんね。これは非常に複雑な網細工のようですが、そのすべてを分析すれば、私にはあなたの行動がわかります。あなたの行動を完全に予測することもできるでしょう。

自分より大きな何かと同化することが、人間性を破壊する

では、なぜあなたが予測可能だからといって、不自由になるわけではないのかを、ご説明しましょう。とても簡単な思考実験です。

あなたが誰かに会ったとします。彼をイチロウと名づけましょう。イチロウという名前の人が、いつも正しい選択をしていて、あなたもそのことを知っていると、想像してみてください。ただし、イチロウはそのことを知りません。

二つのレストランがあるとします。私たちは、良いほうと悪いほうを知っていて、どちらが正しい選択かを知っているのですが、彼はその理由さえ知りません。彼はただ選ぶのですが、私たちは、彼が良いほうのレストランに行くことを知っています。私たちは、イチロウの選択を完全に予測できます。私たちは、つねに彼が自分にとって良いことをすると知っています。彼の行動は、完全に予測可能で、つねに正しいことをする最高の能力によって完全に決定されています。

あなたは、イチロウが自由だと思いますか？　私は、イチロウ以上に自由な人はいないと思います。なぜなら、彼はつねに正しいことをするからです。彼自身は、どうやってそれをするのかを知らないけれど、彼は予測不可能ではない。彼は、いつも正しいことをす

るので、私たちは、これから彼が何をするのか、正確に知っています。この事例は、完全な予測可能性と人間の自由が両立することを示しています。

ですから、決定論、予測可能性、操作性、これらすべては、人間の自由の結果であり、それを損なうものではないのです。したがって、フェイスブックと人間の自由とのあいだに、衝突はないのです。フェイスブックがしているのは、あなたの自由を搾取することです。破壊はしていません。それはまさに、あなたが自由だからです。このことを、私たちは理解する必要があるのです。

私たちは、自分よりも大きい何か――神、インターネット、国民国家、人種など、何であれ――と同一化することによって、人間性を破壊することを、絶対に、そして急いで、やめなければなりません。私たちは、自分ではない何かと同一化することをやめなければなりません。天に上がることも、動物に下がることも、です。私たちは、自分が複雑な殺人猿だとか、進化の産物にすぎないなどと、考えてはならないのです。なぜなら、それは正しくないからです。私がする多くのことは、単なる進化の産物ではありません。

ですから、私は、どんな動物や人間ともまったく同じではないし、私はガイストを持っているし、自分より大きいものとも同一でもありません。

私は神ではなく、人工知能でもなく、ただ、人間であるのです。

「自由意志」があるからこそ、「際限のない消費」という「悪」も植えつけられる

そもそもこの章の始まりの疑問は、私たちは自分が実際には人工的な欲望に駆り立てられていることに気づいていないけれども、それは自由な状態と言えるのか、ということでしたね。人間の心になんらかの考えを植えつけることができるのも、皮肉なことに、人間の心が自由だからです。

善と悪について、そして、その自由な行動によって生まれる際限のない消費が、なぜ悪なのかについてお話ししましょう。フェイスブックやグーグルがあなたを搾取できるのは、あなたが自由だからです。つまり、現代資本主義の際限のない破壊的消費ですら、私たちを不自由にはしないということです。

ここに、なぜ私たちの欲望が人工的なものではないかの理由があります。それらは、人間という動物における基本的な本能の一部です。たとえば、生存本能や反射などですが、しかし、私たちの実際の欲望は、アイスクリームを食べること、このような高価なマンションを欲すること、結婚すること、眼鏡をかけることなどです。あなたの毎日の欲望の

ほとんどは、人為的なものです。それらは、社会的状況やマーケティングなどによって生み出されます。これが、私たちが際限のない欲望の消費者である理由ですが、そのことが私たちを不自由にするわけではありません。なぜなら、その人が自由意志を持っている場合にのみ、ある考えをその人の心に植えつけることができるのですから。

忘れないでください。定義すると、自由意志とは、自分自身のイメージに照らして行動する能力のことであり、根本的に、それが自由意志なのです。これは、皮肉な自由意志のパラドックスです。

しかしあなたは、そのような状況に対して何かできないのかと思うかもしれません。たとえば、グローバル資本主義が唯一の方法なのか、それともそれは善なのか、と。あなたは、私がグローバル資本主義を素晴らしいと言っているように思うかもしれませんが、グローバル資本主義も自由意志によるものです。

では、何が問題なのか。ここで重要な区別をしなければなりません。いわゆる善と悪の区別です。自由には、二つの形態があります。良い自由と悪い自由があるのです。

これは、カントが十分には理解していなかったことだと言えるでしょう。

「未来の自由」のために、現在の善悪を見極めるということ

このことを完全に明らかにしたのが、フリードリヒ・ヴィルヘルム・ヨーゼフ・フォン・シェリングです。シェリングは非常に重要な哲学者であり、彼はまた、人間の自由について、『人間的自由の本質』というもっとも重要な論考を書いています。この論考の中で、シェリングは、自由を「善と悪の能力」と定義しています。

自由であるということは、自由に間違ったことをするということでもあります。自由であるということは、それ自体、あなたが正しいことをするという保証ではありません。あなたは自由になって、どんなものにも、シリアの独裁者にもなることができます。アサドは自由です。だからこそ、彼は市民社会に対する攻撃にも責任を負っているのです。それが自由です。彼は不自由ではありません。悪人は、善人と同じように自由なのです。

しかし、不正義な社会は、自由度が少ないことを意味します。私たちが不自由な社会と呼ぶもの、たとえば北朝鮮は、自由ではないということではありません。彼らの意志の調整が暴力的だということであり、暴力と自由は相容れないものではないということなのです。それが暴力が起こりうる理由であり、私たちがすべてを変えることができる理由です。私たちは、ひとたび際限のない消費が地球を破壊しているとわかれば、それを止めること

ができます。

ここで少し考えてみてください。もし私たちがいまの生活様式を続けていたら、私たちの子どもたちや孫たちは、おそらく終末論的なシナリオの中で死ぬことになるでしょう。そのシナリオの詳細はわかりませんが、人類の大規模な自滅が待っていることでしょう。私たちは、このことを知っています。悪です。しかし、なぜ私たちはマンハッタンに行き、人類の破壊にお金を使うのでしょうか。それは、まさに私たちが自由だからであり、自由な人々が私たちの心に悪い考えを植えつけてきたからです。

では、どうすれば私たちは、このことから自分自身を守ることができるのでしょうか？一つには、いま起こっていることも哲学的に分析することができます。それが、私たちがここでやろうとしていることです。この分析があれば、善という概念を持つことができます。この概念で、未来の人間を含めて、人々が協調する空間を増やすということです。では、地球の破壊のどこが悪いのでしょうか？

地球の破壊が進めば、未来の人類は自由ではあり得ないからです。

自由の本質を知れば、未来を変える自由を行使できる

つまり、環境破壊は自由の行使であり、将来の世代にとっての不正義なのです。いや、すでに存在する世代にとってさえ、そうです。これはきわめて明白に、世代間の不正義です。これを理解するには、さまざまな概念が必要です。だからこそ、哲学はとても役に立つのです。哲学は、社会的な数学のようなものです。数学が役に立たないと考える人はいません。数学は、物理学や経済学などの基礎をなすものだからです。数学や読み書きを捨てる人はいないでしょう。私たちは子どもたちに読み書きを教えます。誰もが基本的な読み書きができなければならず、基本的な数学の知識を持たなければならないと思います。

このことを哲学で応用してみたらどうでしょう？　子どもたちに、自由意志のパラドックスとその解決策を教えてあげませんか？　彼らは、そのことを考えます。宇宙が無限かどうか、自分たちは自由かどうか、正義とは何かを、彼らは知りたがっています。彼らがこれらを知りたがっているのは、彼らが人間だからであり、人間は必要に応じて哲学を行うからです。人間は、数学的な動物であり、読み書きをする動物であるように、哲学的な動物なのです。このことを教えましょう。

しかし、際限のない消費という悪の構造は、私たちがこれらの概念を学ぶことを望んで

いません。悪の構造のＣＥＯは、こうした概念を持っています。信じようが信じまいが、世の中には邪悪な哲学者がいて、なかには、まさに人間破壊のシステムを運営している者もいます。哲学それ自体が、あなたに善悪の概念を与えるのです。

これらの概念で何をするか、あなたがこれらの概念の一つになるかは、自由意志にかかっています。哲学はあなたにこうなるように、また、こうならないように強制することはできません。なぜなら、哲学はまさにあなたに自由になって未来を変えることを望んでいるからです。

そして、あなたが、自由の本質を知っている場合にのみ、未来を変える自由を行使することができるのです。

それにしても、現状はなかなか変わりません。まさに、ここマンハッタンにあるエンパイア・ステート・ビルディングは、クラシックなニューヨーク建築、そしてそのほか、数多くの新しく薄くてつねに高くなっていくマンション……。私たちがいまここニューヨークで見ている光景こそ、もっとも強大な現実なのかもしれません。

II章　闘争の資本主義を越えて

——ヘーゲルから考えた「格差社会のリアル」

マンハッタンの高層ビル、四四階からの光景が教える「闘争」

いま私は、マンハッタンの高層ビルの四四階から、夕焼けを眺めています。空の色がとても美しいですね。ここからは、あらゆる色の層が見えるように感じられます。

しかし同時に、とても残念なことに、このニュージャージーの夕焼けの素晴らしさは、大気汚染のためにその色が付いて生まれているという事実も指摘しなければなりません。私たちがここで見ている美しさは、現代社会の根本的な問題を象徴してもいるのです。自然の美を含む美の多くは、その後ろに破壊が存在することも表しています。ここに見えるものは美しい。この場所のすべての美は、同時に、悪と危険のシグナルでもあるのです。でも、そのようには見えませんね。それが罠《わな》なのです。美は、しばしば罠です。美とは、往々にしてそういうものです。

私たちがいまこうして何気なく見ている風景も、争いを表しています。本当の争いを見たければ、下を見てください。このマンハッタン六番街の四本目の通り「アベニュー・オブ・ジ・アメリカス」とも呼ばれていますが、ここには社会システムがあり、争いの縮図があります。

なぜ人々はタワーマンションの四四階に住みたがるのでしょうか？　それは、人々の闘

「マンハッタンの高層ビルの44階からは、人々の闘争が見える」

争を見ることができるからです。あたかも自分たちはその闘争から離れ、その一部ではないかのように。そこに住む人々は、優れています。そして、上の階に住むのには、とてもお金がかかるのです。

上層階からの景色は美しい。でも、なぜ美しいのでしょうか？　これがもう一つの問いです。そしてその答えは、あなたが距離を達成したと考えるからです。あなたは、神やドナルド・トランプのように街を見渡しています。古典的なアメリカ映画『市民ケーン』のファンタジーは、社会の中に社会を超越した立場があるというものでした。しかし、もちろんそこで起きていることは、ここで起きていることを支えています。これが基盤であり、窓の外を見るとわかるように、これは闘争の後に続く闘争、闘争の連続が織り成す、複雑な網目構造なのです。

この建物に入るための争い、この建物にとどまるための経済的地位を維持するための争いの代償は、とても大きなものです。なぜなら、ここアメリカの経済はあまりにダイナミックで、つねに変化しており、ここにいるということだけで、あなたが闘争に参加しているということの十分な証明になるのです。ニューヨークに、リラックスできる瞬間はありません。ここに暮らす人々には、安らげる社会の仕組みがないのです。たとえあなたがこのマンションを買ったとしても、来年には自分のものではなくなってしまうかもしれません。すべてのお金を失ってしまうかもしれないのですから。

この争いに何か解決策はあるのでしょうか？　私たちはこの闘争から抜け出すことはできるのでしょうか？　社会的救済策はあるのでしょうか？　私たちの問題を解決するには、何が必要なのでしょうか？　理想的な社会の構造とは何なのでしょうか？

社会とは「コミュニケーションのやり取り」であり、「関係性」である

争いが絶えない現代社会。人々が形作るこの社会には顕著《けんちょ》な特徴があり、多くの人がその中心にある考え方を、「自律」「自治」などと呼んでいます。これが何なのか、そして、それがどうやって生まれたのか、お話ししましょう。なぜなら、これはまだ解決されてい

ない問題の歴史であるからです。まず、その歴史からお話しします。そして、私が未来にとって正しい解決策だと思うものについてもお話しすることにしましょう。

この長い歴史の中で人々は、社会と自分自身とを必ずしも同化させてきたわけではありません。本来社会とは、集合的な概念でした。人々は、社会の一部であり、その意味で社会は人々が作る複数形のものだったのです。ところが、現代の社会の概念は、単数形で理解されているようです。

社会の概念との比較のために、「経済」（economy）の概念を発明した古代ギリシャの哲学を見てみましょう。「経済」学は元来、古代ギリシャ語の「オイコノミア」に当たり、家の管理についての学問を意味します。つまり、経済学は家計の仕組み理論なのです。どのようにあなたの生活の流れを計画し、お金の流れを保つべきなのか？　あなたの生活様式の生産と再生産の構造を安定したままで維持していくためには、どのようにあなたは一日を計画すべきなのか？　それが、もともとの経済学の問いなのです。現代社会はこれを、人間のすべての行動、生産、再生産に結びつけています。そして、その「経済」「家」の概念が、そのまま、「社会」の概念となってしまっているのです。

ドイツの社会学者ニクラス・ルーマンが指摘したように、実は社会とは、単にコミュニケーションのやり取りの全体性という概念にすぎないのです。つまり、社会とは基本的に、あなたがほかの人間と関係しているという意味であり、彼らもまたあなたと関係していることを示す概念なのです。それらの関係性のすべてが、社会です。

ホッブズ「万人の万人に対する闘争」vs.ルソー「個人に先立つ社会」

　ではここで、現代の「社会」が陥《おちい》っている罠を考えるために質問です。「すべての関係性」が社会をなすのだとしたら、いったいどうやって、個々の人間、個々の動物、個々の家庭などの社会の個々の要素は、争いを起こすことなく結びつくことができるのでしょうか？

　これが、一七世紀イギリスの思想家、トーマス・ホッブズの有名な近代政治理論の最初の問いでした。ホッブズは、社会の中で私たちが個人として行っていることは、敵を破滅させたいという願望にほかならないと考えたのです。ホッブズによれば、社会の通常の形態が、闘争ということになります。争いのない状態のほうが特殊なのです。これが、「万人の万人に対する闘争」という、彼の有名な考え方を支えています。

　ホッブズによれば、人間は本来お互いに憎み合っています。「人間は人間に対して狼である」のです。人間が基本的にお互いを憎んでいるのは、私たちが社会の中にいたくないからです。生存、自らの利益のために社会の中にいなければならない人間は、「狼」同士として、お互いに戦いはじめる、というわけです。これは、よく知られた見解です。これを個人主義と呼びましょう。「新自由主義」を推進したとされる、かつての英国の首相マーガレット・サッチャーが言ったように、社会は個人にほかなりません。個人が存在するだけで、社会は実在しない。これが、一つの有名な見解です。

一方、まったく逆の見解もあります。一八世紀フランスの思想家、ジャン・ジャック・ルソーによって導入された、「社会契約」と「契約社会」の概念です。その考えによれば、社会とは個々の人間が集まる以前にある存在、つまり個人に先立つものなのです。その意味で、ルソーは社会の構成にあたって、教育に関する概念を重視します。個人が社会を作り上げているのではありません。ルソーに言わせれば、それは個人主義か、家庭主義ということになってしまうでしょう。逆なのです。社会が個人を生み出す、それがルソーの考え方です。

整理しましょう。一つの考え方は、ボトムアップの考え方です。私たちは要素から始めて全体を構成する、というのが社会に関するホッブズの理論です。原子論＝アトミズムと言えます。一方、ルソーの考えは、トップダウン。通常は全体論＝ホーリズムと呼ばれます。社会全体から始めて、その全体から個人は生み出されるというものです。個人から考えるホッブズ、社会から考えるルソー。どちらが正解なのでしょう？

ホッブズとルソーの間にある自律／自治の社会

どちらの思想も、両極端です。通常、これらの問題を議論する社会学者や政治理論家は、個人主義者か全体論者かのどちらかに偏《かたよ》りがちです。どちらの考え方にも問題があり、私たちはその双方の問題を見なければなりません。なぜなら、どちらも結局、社会のあり方と個人のありようが両立しない結果をもたらしてしまうからです。

ホッブズの説明によれば、すべての人間は互いに闘争し合っています。なぜなら、社会は実際には存在しないからです。もし社会が複数の個人以外の何ものでもないとしたら、どんな社会も存在しないことになり、したがって、平和もまた別の内戦の形にすぎないことになってしまいます。アメリカで人気のテレビドラマ『ハウス・オブ・カード』の架空の大統領フランク・アンダーウッドが言うように、冗談ではなく、「正義など存在せず、あるのは征服のみ」というわけです。これは、ホッブズの考えが端的に表現されたセリフと言えるでしょう。このことは、実は、概ねアングロサクソン流の資本主義に当てはまります。

アメリカ型資本主義とはホッブズ主義のことであり、ホッブズが著書『リヴァイアサン』の中で描き出していたのは、ある意味、現代のアメリカの状況だったと言えるでしょう。ホッブズは、一般的に社会は存在しないと考えました。あるのは、ただの戦争です。これがホッブズの考えであり、戦争をなくす方法はありません。これでは、さまざまな形態の闘争があるだけとなってしまいます。

さて、この思想の系譜に、ルソーが突然登場し、まったく逆なのだと言ったわけです。個人など、まったく存在しないのだ、と。ルソーは、たとえば、制服の概念を発明しました。象徴的な発想です。完全な社会では、私たちはみな制服を着ると、ルソーはイメージしたのです。

あなたは、アメリカでは大変有名なコメディアン、ジェリー・サインフェルドをご存知ですか？　ここニューヨークにあって、サインフェルドは、そのショーやスタンダップコメディーの中で、ＳＦ映画の未来社会の人々がつねに制服を着ているのは驚くべきことだと指摘しました。スクリーンに登場する彼らは、なぜ制服を着るのでしょうか？　ルソーの思想によれば、将来、資本主義的な対立を解決すれば、私たちはみな平等になるだろうということだったわけです。制服は、平等の象徴です。どんなファッションもあってはなりませんし、スタイルもあってはなりません。個人を排除し、社会を優先せよ。それが、ルソーの考えでした。

いま一度確認します。ホッブズとルソー、個人か社会か。これら、二つの正反対の考え方が両極に位置するのです。

あなたの視点を私の視点に取り入れることで、社会はすでに成立している

そして私たちは、これらの問題に関する理論化の、いわば次の古典的な段階に入ります。一八世紀後半から一九世紀前半に活躍したドイツの思想家、ゲオルグ・ヴィルヘルム・フリードリヒ・ヘーゲルの登場です。ヘーゲルは、Kampf des Anerkennens、すなわち、「承認の闘争」の文脈において、「主人」という概念を導入しました。しかし、それは多くの場合、誤って解釈されているようです。

ヘーゲルは、Kampf um Anerkennens、「承認をめぐる闘争」について語っているのではありません。「承認をめぐる」ではなく「承認の」、なのです。ヘーゲルが使ったのは

Kampf des Anerkennens「承認の闘争」という言葉です。ヘーゲルが指摘した重要なポイントは、承認という行為自体が、すでにつねに闘争であるということです。そして、その闘争は、必ず克服されるべきであると、考えていました。ヘーゲルの概念は、その意味で、ホッブズ、ルソーとは大いに異なっています。それが「主人」の概念です。それは、多くの人々が考えているような「承認」ではなく、実は「和解」を意味するものです。そのことをもう少しきちんと説明しましょう。

ヘーゲルによる「承認」の概念は次のとおりです。

たとえば、二人でも三人でも、人々がある集団が社会を作ろうとしています。よくあることですね。パーティーやディナーなどいかなる社交の場に行っても、動物園に行っても、地下鉄に乗っても、あなたが入っていく社会には、なんらかの暗黙的または明示的なルールブックや契約がなければなりません。さもなければ、状況は崩壊してしまいます。大げさに言えば、つねにテロリズムが起きてしまうことでしょう。どこへ行っても、普通人々は殺し合ったりしませんが、それにはなんらかの規制があるはずなのです。では、いったいこの規制はどうやって生まれるのでしょうか？

私があなたの視点を考慮に入れ、あなたが私の視点を考慮に入れたから、「承認」が起きたというのは誤っています。あなたの視点を私の視点の中に入れることは、すでに社会を前提とすることで可能になるからです。社会というものは、「始める」ものでも「作る」ものでもありません。もし私たちが結びつく方法があるとしたら、私が知っているのは、あなたにはあなたの考え方があるということだけです。社会を「作る」のには、「承認」は役に立ちません。なぜなら、承認という概念は、すでに社会を前提としているからです。したがって社会は、「承認」とは異なる基盤を持たなければなりません。それが、ヘーゲルの洞察であり、議論なのです。

ヘーゲル「承認の闘争」を踏まえ、社会システムに対する新たな視点を導入せよ

ヘーゲルの議論を踏まえて、個人主義によるホッブズの恒常的な闘争でもなければ、ルソーの全体論すなわち独裁制でもない立場の可能性を考察してみましょう。そのとき、多くの人々が現代社会を捉えようとするときに犯している、深刻な間違いがあります。現代を生きる私たちには、明らかに次の理由で、新たな視点が必要なのです。私たちがいかにして社会について考えるかは、私たちの経済理論にも影響を与えます。なぜなら、大学、なかでも経済学部、会社、企業、株式取引所は、すべて現代の社会システムだからです。

社会システムが何であるかについて、もし私たちが誤った概念を持っているとすれば、当然、私たちの実際の経済を理論化する際にも、誤った見方を提示することになるでしょう。そしてさらに、人間の本質や人間の思考、人間の社会に関しても、私たちの経済モデルが間違いに基づいているとしたら、学術的シンクタンクによる提言などを実行に移しても、結果的に私たちは社会を破壊してしまうことになるかもしれません。私たちには、新たな見方で社会を捉えることができる「実在論」が必要なのです。それは社会の理論であり、物事の現実のあり方に関わるものです。

現実の社会主義（real socialism）ではなく、「新実在論」、すなわち新たな社会的「実在論」（social realism）の文脈において、提案があります。社会的「実在論」とは、次のような考え方です。

「社会は家族ではない」アメリカ経済――経済学の前提にある誤謬

ここで思い出しましょう。すでに述べたように、経済学は、本来、家政の学問、家の仕組みを対象として考えるものでした。しかし、その後、多くの経済学は、家の組織化として社会を捉える方向へと進み、現代の経済理論は、社会全体の組織化に関する非常に複雑な数学的理論となったのです。家の仕組みと社会全体の経済の仕組みを同一視した結果、多くの人々が、社会を、たとえば日本社会を、まるで大きな家族のように考えているのではないでしょうか?

それは、現代の多くの経済学の捉え方にすぎません。ヘーゲルは、家のありようとはまったく異なるルールで動くはずの社会システムを「市民社会」と呼び、経済学のものの見方とは区別しています。それにもかかわらず、いま私たちは、経済学の影響で、この複雑性に満ちた社会を考えるときに、社会全体が家族のようなものだと考えてしまいがちです。それは、一見、社会をうまくモデル化したように見えますが、落とし穴があります。

このように考えてみてください。

もし、「社会が家族のようなものだ」という考えで私たちが社会への理解を進めたら、いったいどうなるのでしょうか? 小さな家族の中で得られた視野でほかの家族とどのように関わるかを考えれば、その視点が社会に対する考え方に大きな影響を与えてしまうことがわかるでしょう? 言うまでもなく心理分析などから、家族関係は非常に個人的であることがすでにわかっているのです。たとえ家族をその構成によってさまざまに分類することができても、一人の子どもがいる家族、二人の子どもがいる家族、何人かのおばがいる家族など、これらには、それぞれに異なるなんらかの構造がありますが、実際に、個人個人、それぞれ置かれている環境もまた根本的にみな異なっているのです。そうした違いをすべて考慮に入れることなく一般化し、「社会全体を家族のようなものだ」と考えたとしたら、どうなるでしょうか？　社会を家族の比喩《ひゆ》で理解してしまうことは、社会を破壊してしまうことにさえつながりかねません。

この問題について、良い例をあげましょう。ドナルド・トランプです。別の良い例をあげましょう。クリントンです。さらにまた別の例をあげましょう。ブッシュです。アメリカで起こっていることは、まさにヘーゲルが市民社会と呼ぶものと家計経済との混同、すなわち社会と、家族という存在との混同です。それが現代のアメリカ経済なのです。

ハーバード大学やシカゴ大学などにおける多くのアメリカ流の経済学の理論は、誤りを犯しています。彼らは、マフィアのボスのようなものです。マフィアとは何でしょう？「社会が家族であるという考え」、まさにそれがマフィアです。それが組織犯罪の概念なのです。アメリカの経済学は、このモデルに基づいています。だからこそ、私たちが現在ワシントンで目撃しているのは、アメリカで人気のドラマ『ザ・ソプラノズ　哀愁のマフィア』の長いエピソードなのです。それが、いま私たちが目の当たりにしている現実です。

それは、イタリアに端を発するマフィアの精神性であり、それがあらゆる種類の経済学に影響を与えているとも言えるのかもしれません。

社会は家族のようなものだという見方で組み立てられた理論は、間違いなく崩壊しています。なぜでしょうか？　古代ギリシャの家においては、誰もがお互いを知っています。それがギリシャの民主主義の考えでした。古代ギリシャ人は、民主主義社会においては、お互いを知る必要があると考えていました。これらの都市はとても小さかったのです。社会を表すギリシャ語は「ポリス」です。ポリスは、とても小さなものでした。古代アテネには、一〇万人に満たない住民しかおらず、しかも全員が投票できるわけではありませんでした。これらは、とても小さなコミュニティでした。それらは、家族のようでした。どの通りも、都市の到るところが、家庭の延長だったのです。

「誰も社会全体を理解できない」――複雑性のリアルを受けとめよ

あらためて、確認します。そうしたアメリカ型の経済、経済学の見方とは異なり、現代社会は、まったく家族のようではありません。間違いなくその理由は、一つには人間が多すぎ、個人が多すぎて、そうした個人がお互いに異なっているからです。私たちはお互いを知りませんし、それは社会全体の中で起こっていることを考える際に、きわめて重要な視点です。

現代社会に関するリアリティで大事な視点は、複雑性です。誰も社会全体の概念を明確にはできていないのです。しかし、にもかかわらず、私たちは、この事実を変えてくれる人がいるかもしれないと信じたいという考えにもとりつかれているのです。その結果が、私たちが現在目の当たりにしている混乱です。だからこそ、私たちは、さまざまな場で、家族が権威主義的な独裁政権を動かしているのを目にするのです。トランプ家、アサド家――これらは家族なのです。アメリカのロックフェラー家、イギリスのロスチャイルド家など、これらは家族主導型のモデルです。

こうしたモデルから明らかになる問題は、あなたがある家族の心理的条件を受け入れ、それらの組織のモデルに従うようほかのすべての個人を強制してしまうことです。これは、ヘーゲルの思想に照らし合わせてみれば、根本的に間違っていることがわかります。しかし、私たちが社会で起こっていることを正しく表現できない場合には、残念ながら、誤ったことをしてしまうのです。

このことをとても単純な例で説明してみましょう。そうすれば、この考えのどこが間違っているか、おわかりになるでしょう。想像してみてください。あなたは、家族と一緒に東京でラッシュアワーの地下鉄に乗ります。そして、その地下鉄に乗っているすべての人が自分の家族の一員だと思っています。しかし、たとえばラッシュのときに彼らがあなたを外に降ろしてくれないことに、あなたは驚くことでしょう。礼儀正しい人もいれば、礼儀正しくない人もいるでしょう。もうおわかりでしょう？　彼らがあなたの家族であるということは、まったくないのです。その地下鉄の車両には、あなたの家族を殺したがる殺人者がいるかもしれません。または、あなたが融資を受けられなかったことに責任ある人たちも乗っているかもしれません。なぜなら彼らは銀行員で、あなたは彼らが成功している家族とみなすものに合致しないからです。

「前近代のモデル」への回帰が、繰り返される「悲喜劇」を起こす

実際、ホッブズの考えでは、あなたが家族という観点で考える社会は崩壊します。なぜなら、遅かれ早かれ、ある家族は、ほかの家族と対立するようになるからです。これは、ヨーロッパの歴史を振り返るとき、「前近代的」な状況だったと言えるでしょう。ルネッサンス時代の家族は、家族と戦っていました。もちろん、これは近代以前の日本でも起こり

ました。さまざまな家族がいて、家族同士が戦っていたのです。

現在、私たちが世界中で目にしているのは、この「前近代的なモデル」への回帰です。家族がほかの家族と戦っていて、ほかの者はみな、ただそれを見ているだけです。ある意味で、私たちがいま目にしているのは悲劇であり、茶番です。悲劇は争い合う家族です。そして、いま私たちが目にしているのは、この風刺画です。それがふたたび起きているのです。しかもそれが、この「近代」の世の中において、です。もはや「喜劇」と言わざるを得ません。

この状況は、以下のことを意味します。私たちは、いかにして人間が結びついているかについて、誤った概念を持っています。そして、私たちは、当然争いにつながっていく誤った概念を実行しはじめるのです。

もし私が地下鉄に乗って、それが自分の家族のようだと思ったら、私はそれが自分の家だと思ってしまうでしょう。その誤った方向で、その状況を解釈してしまった場合には、私は、すべての人が私のように生きなければならないと思ってしまうかもしれません。そうですね、ここにもう一つの問題があります。家族であるという認識が、ほかの人々の生き方にまで自らの生き方を強要するように働きはじめるのです。

私たちが理解すべきなのは、社会はこのようには機能しないということです。

生存とは異なる、「意味の形態」としての生活

社会＝家族という誤った認識から解き放たれるために、ここでもう一つ大事な区別、新たなものの見方を提案しましょう。

「生活」形式（life form）と「生存」形式（survival form）の違いです。私たちは、人間のありようには二つの側面があることを理解する必要があります。社会は、生存の再生産――これはアメリカ人による進化論的な社会理解です――ではなく、生活であり、生活とは一つの意味の形態のはずなのです。社会とは、単に生存や楽しみの条件を生み出すことではなく、意味ある生活の条件を生み出すことに関わるものです。もしそのことに気づいていないのであれば、それは多くのアメリカに暮らす人々の誤った認識であり、アメリカ的な物質文明のある側面のみに影響された結果として、修正されなければなりません。多くのアメリカ人は、生存形式にのみ目が向いているのです。

私たちは「生活」形式という概念に目を向ける必要があります。それは、一種の規範的な意味合い、あるべき大事な価値観を示すものです。経済学の機能の基本も、実は「生存」

ではなく、「生活」を与えることです。ちなみにニーチェは、生存は人間の根本的な欲望ではないと指摘しました。なぜなら、あなたは、自己犠牲の精神をどう説明しますか？　私たちは、毎日何かを犠牲にしているのです。そこにあるのは、「生存」ではなく「生活」をベースとするものの見方です。

私たちはこの二つをいつも混同してしまいがちですが、経済学や資本主義の論理で対象としているのは、「生存」形式についてのみ、すなわち適者生存のための争いだけになっているのだと思います。その意味で私たちは、進化論的生物学、すなわちダーウィニズムのツールを社会分析に一面的に適用させてしまっているのです。こうした社会ダーウィニズムと呼ばれるものには、根深い誤りが潜んでいます。なぜなら、社会ダーウィニズムとそれに付随する概念は、完全な社会統計学や社会物理学に類するものであり、社会の構成員を数学的に表現、すなわち数としてカウント、あるいは動物として考えることで、彼らをコントロールすることができるとするものだからです。人間社会をこのように表現することと自体が、問題の原因となっています。その表現の仕方自体が、私たちが「生存」を賭けた闘争状態にあると認識させ、その結果、私たち自身を苦しめているのです。この闘争は、実は本来、自然に、自動的に生まれるようなものではないにもかかわらず。

理想的な社会であれば、「生存」形式は、複雑な福祉国家のシステムによってコントロールされます。福祉国家のシステムでは、ある一定の「生存」レベルを保証するために、大企業や生存の提供者たるべき公的な機関などが手を携えて機能します。その意味では無条件のベーシックインカムが必要で、これは理想的な社会では明らかなものです。なぜなら、飢《う》えで死ぬかもしれないときに、社会の一員としての行動をすべきことなど誰にも課せないからです。これは明らかです。誰も飢えるべきではないし、人々が飢える必要もありません。私たちは食べ物を作ることを、持続可能な食料を生産する方法も知っています。それが実現しないのは、単に、私たちの全体的な協力によって生存形式が保証されることを重要視していないからです。

さて、生存形式よりも重要なはずである生活形式ですが、経済学の中にあって、どのような役割を与えられているのでしょうか？　そもそも、人間の生活形式とは何でしょうか？　人間の生活とは何でしょう？　人間の生活を支えるものは精神です。私たちは精神的存在であり、それは私たちが「意味の次元」で生きていることを意味しています。

私たちは、意味のある経験を求めます。私たちは芸術を楽しみます。おいしい食べ物を楽しみます。私たちは、倫理的で意味のある行動を楽しむのです。したがって、良い人生において起きることは、単に生存条件として実現するだけではありません。純粋な生存を、良い食べ物に置き換えるのです。レストランに行くとき、あるいは家で食事するとき、おいしい食べ物は、単にタンパク質とカロリーの集まったものではありませんよね。ところがアメリカの多くの食べ物の概念は、ともすれば「生存」の視点だけで見なされ、食事を単なるエネルギー代謝に置き換えているのです。

人生における「意味の探求」は、幻想ではない

本当の食事の意味は、生存形式のレベルではなく、生活形式のレベルで生まれるのです。たとえば日本や、イタリア、フランスのような国々の高度な食文化についてイメージしてみてください。それらは、生活形式レベルの食べ物の消費が持続可能になったものです。太古からの生活の歴史の中で自然な感覚が、連綿と続いてきたものなのです。私たちは、自然の理解に立ち返る必要があります。自然とは原子やクォークやそのほかの要素の無意味な配列ではなく、私たちがすでに存在している場所、つまり、意味のある場所です。人間の生活形式は、自然を超越するものではなく、自然や自然の一部をありのままに示すものであることを、私たちは理解する必要があるのです。

人間の生活は、幻想ではありません。

しかし、人々が研究し表現しようとする「生存」の内実を見ると、誤りを犯していることに気づきます。たとえば、進化心理学は、意識が幻想であることを証明していますが、それが意味するのは、意味が幻想であるということです。ここで私たちは冷静に立ち止まり、理想的な社会において私たちが実現する必要があるのは、人生における意味の探求は、幻想ではないということをあらためて認識し、人々と共有することです。もしあなたが「生存」の論理のみに囚《とら》われた社会ダーウィニズムの信奉者なら、意味は幻想にすぎません。したがって、社会ダーウィニズムを克服し、意味のある生活の経済学を手にする必要があります。それを目標にしなければなりません。地球上のすべての人が、意味のある人生を送る可能性を追求すべきなのです。

そのとき私たちは、子どもたちのことも視野に入れる必要があります。いまの社会は、大人のためのモデルです。私たちは、社会の構成員を大人だけだと無意識に思い込んでいますが、子どもはそこに含まれないのでしょうか？　多くの人々は、社会について考えるとき、子どものことを考えることができていません。私たちの多くは、子どもや幼児の頃の現実の経験が意味のあるものだということを忘れてしまっています。これは、私たちがあらためて学ぶ必要があることです。さもなければ、私たちは、いつの間にか社会を、ある動物がただ別の動物を食べようとしているだけの檻に変えてしまうことでしょう。そして、意味のある社会は幻想であり、社会とは獣だけが闘争を繰り広げるものだと思い込ませることにのみ関心がある一部の人たちの思い通りになってしまうことでしょう。

社会を「複雑な関係性」として、多様な視点の存在を理解する

こうして理想社会について述べてきた背景には、「意味の場」の存在論と呼ぶものがあります。それが何であり、これが私たちの問題にどのように適用されるのか、そしてなぜそれが理想的な社会の構築にヒントを与えてくれるのかについて、お話ししましょう。

いま私たちの目の前に広がる、たくさんの窓について考えてみてください。これらの窓のすべてが、あなたに現実についての見方を与えてくれます。そして、すべての窓が、現実についての少しずつ違った見方を与えてくれるとします。

さて、この窓を見てください。この窓に何が見えますか? この窓に見えるのは、モノです。あの窓にはさまざまなモノが見え、あの窓にもさまざまなモノが見えます。すべての窓は、意味の場であり、社会とは、そのように機能しているとしましょう。

「社会には、さまざまな窓の組み合わせで構成された、たくさんの人々がいる」

あの窓からこの窓までが、あなたの青春時代だと想像してみてください。一〇歳から二〇歳だったかもしれませんし、二〇歳以上かもしれませんね。これはあなたの人生の一部です。これもあなたの人生の一部です。この部分はオーバーラップし、重なりあっているところもあるかもしれませんね。

ここには、窓を一つのメタファーとするさまざまな視点が存在します。あなたがほかの人と共有する歳月であり、つねに関係する視点があり、これらの視点をまとめるものもあります。こうしてあなたは、自分の人生がどのように構成されているのか、イメージすることができますね。多くの窓の組み合わせ、関係性で、いまのあなたがあるのです。そして、社会にも、さまざまな窓の組み合わせで構成された、あなたとは異なるたくさんの人々がいます。

私が提唱する「新実在論」が与えてくれるのは、社会をこのように、単純化できない複雑な関係性として理解する視座なのです。

現代社会の状態は、信じがたいほどに複雑であり、複雑さを軽減する理由もありません。正義を達成するために私たちに必要なのは、すべての見方が意味あるものになるように、これらの窓を再配置することです。再配置できずに、ただ外を眺めるだけの憂鬱な窓を持ちたくはありません。それでは、ただの悪夢です。

公正な社会において、国も含めた大規模な協力、さまざまな関係性の中で私たちがともに達成しようとしたのは、誰もが人生を楽しめるような「意味の場」の配置です。あくまでもその背景に、生存形式があるのです。

病院を考えてみてください。私たちには、病院というあらゆる人々の病を公正に治療する場があります。それは、私たちを意味のある生活に連れ戻してくれる場であるはずです。それがその場の機能であり、健康というものの本来の考え方です。

お金とは「抽象度の高い社会的な測定単位」である

こうした「意味の場」の重要性を認識した上で、あらためて社会におけるお金というものの存在について考えてみましょう。

お金は、「さまざまな見方の調整のための媒体」と定義できます。

あなたが、何かを欲します。私も、何かを欲します。私たちの両方が、同じものを持つことはできません。そうした状況にあるとき、私たちは、資金と値段の観点で、それを調整します。あらゆる社会構造、あらゆる社会システムは、意見の相違が存在するという事実に対する反応です。それは、言わば地下鉄のようなものです。電車は、あなたの家やあなたがいる場所までやって来ません。身近な駅までは歩かなくてはならないのです。私たちは、みなどこかに行きたいと思っていますが、いまは地下鉄がこの問題の、ひとまずの最善の解決策なのです。

すべての社会システムは、人々のあいだには必ず意見の相違があるという事実に対する反応です。それが、社会システムの役割です。もしみなさんのさまざまに異なる意見を調整することなく、社会システムが崩壊してしまえば、さらなる意見の相違が生まれることでしょう。

お金だけではありません。あなたは、銀行なしでは、お金は持てないでしょう。国家なしで銀行を持つこともできません。公務員のいない国家を持つことはできません。そして、お金なしで公務員を持つこともできません。こうした意味で、お金は一つの社会システムなのです。しかし同時に、お金がその中心にあってもっとも重要だと考えるのは間違いです。社会にとってお金は、実は、いま多くのみなさんが考えるほど、重要ではありません。お金が根本にあるはずだ……、そうした思い込みをしてしまうことに、むしろ問題があるのです。社会には、根本的なレベルというようなものはありません。そこにあるのは、さまざまな人々による、言わば行動の束《たば》、網の目のような関係性なのです。

社会改革の目的は、こうした人々の行動の調整です。文字通り、社会問題を解決するために、お金を発明した人たちがいます。実際、人々は一緒に輪を作って座り、問題を解決する必要性があったのです。そして、思いついたのです、ある調整の手段を。これは、明らかにお金の誕生に当てはまることです。

１＋２は３ですが、２＋１も３です。どちらも入れ替えが可能ですね。Ｘ＋Ｙ＝ＺはＹ＋Ｘ＝Ｚと同じだと言うこともできます。つまり、抽象的に表現できるわけで、お金は文字通り、社会的な関係性に関する抽象概念にすぎません。実際、サーバーのようなものです。あなたは、ウシを持っています。私はウマを飼っています、など。あるいは、私はいくらかの土地を持っています。あなたにも、いくらかの土地があります、というときの交換の目安です。

私たちは、抽象的に考えることによって、そのような具体的な所有物の社会的な関係に尺度を導入するのです。そして、私はあなたの家との交換の尺度を手に入れ、あなたも私の家との交換の尺度を手に入れるのです。家自体はそれぞれ、とても異なった作り、形状をしているでしょう。このマンションは、あのマンションとどう似ていますか？ まったく似ていないものをある共通の尺度で測るもの——お金は、社会的な測定単位なのです。これは、まさに最高レベルの社会的な抽象化であり、誰かが、測定システムを表す媒体、すなわち象徴的な記号を——単なる思いつきですが——導入しようじゃないか、と言った結果なのです。それこそがお金なのです。

お金は、測定する「質的な決定」には盲目的だ

では、社会的な競争、争いとお金との関係はどうなっているのかと、思われるでしょう。一つの見方、それは、お金こそが争いを生む、というものです。私はすぐにこれを拒否しますし、誤っていると思うのですが、同時にもっとも世の中に流布《るふ》している見方と言えるかもしれません。私たちは、みなお金が欲しいし、だから、私たちは争う。私たちは、お

金を得るために闘う。これは一つの説明の仕方で、こうした資本主義のあり方を批判することは、とても簡単です。このことについてあなたは、資本主義は、私たちが本当は望んでいないことを実現すると言うのかもしれません。しかし実はそれは逆で、望んでいることを見失わず、お金を手段と考えることができれば、実現できるはずなのですが。

では、お金に関する正しい見方は、どうあるべきなのでしょう？

いま一度きちんと言いましょう。お金とは、社会的な取引を測定する方法なのです。私は何かが欲しいし、あなたも何かが欲しい。問題は、どのくらい本気で欲しいか、ということです。想像してみてください。私は動物園に行きたい。あなたも動物園に行きたい。しかし、もしあなたが動物園に行きたい以上に、私のほうが動物園に行きたいとしたら、誰かがその事実を利用できます。

私はもっと知りたいのです。あなたが行くか私が行くかを、私が選べるとしたら、私は間違いなく、あなたが行くことを除外します。あなたは、いま、この欲望を測定することができます。それがお金です。お金は、人間の取引について話すことができるコードです。彼はいくら欲しかったのでしょうか？　どのくらい私はこのマンションを欲しているのでしょうか？　それがマンションの価格です。もし私がこのマンションに住んでいるのなら、このマンションの価格は、私の欲望を測定するものです。

私は、マンションやお金が欲しいわけではありません。進行中のある欲望があり、それは社会的行動の結果なのです。たとえば、私がニューヨークに住んでみたいとします。というのも、想像してみてください、私の祖母がここに住んでいるからだ、と。それは社会的ですね。私は祖母の近くにいたいのですが、私がどこに住んでいて、どのような条件の下で私が生きるかは、社会的な取引の結果であって、お金はこれらの社会的な取引を測定するのです。

ここでお金やこのアパートの価格の背後にあるものは、一連の社会的な取引です。それによって、社会的複雑さは測定可能です。お金は、単に社会にとっての数学、あるいは単純化された数字です。

繰り返しますが、お金の問題は、それが人間の社会的取引の単純化されたモデルであるということです。なぜなら、お金からは、なぜ私が本当にここにいたいのかがわからないからです。このマンションが月額五〇〇〇ドルで、フロアの反対側にある別のマンションも月額五〇〇〇ドルだったとして、私がここにいて、ほかの人がそこにいて、まったく違う様式で暮らしていると想像してみてください。お金からは、なぜその人がそのマンションで暮らしているかまではわからないのです。お金は、それが測定する質的な決定には盲目的であり、背後にある意味を失ったまま価格のみが独り歩きしてしまうのが、現代のアルゴリズム社会の問題なのです。

　私たちは、ひとまず抽象的な尺度においては、うまく測定しています。その尺度は機能しています。しかし、なぜそれが機能しているのか、私たちには、その背後にある事情、状況、意味まではわかりません。このことこそ、社会が不透明になる理由なのです。このような抽象度の高い単位のみで測定しているのが、多くの現代社会なのだということを、私たちは理解していないのです。

　その点で、ともすれば、私たちは真の意味で、社会的でなくなっています。たとえすべてが最大限に社会的であったとしても、私たちには社会は見えません。私たちに社会が見えないのは、お金を抽象化することで、お金自体の本来の機能を見えなくしているからで、それが、現代の資本主義の問題の一部となっているからです。私たちは、お金の数学的な力を過大評価しています。はるかによい社会の数学的モデルがあるはずなのですが、お金は非常に単純な公式であり、どこまでも勝手に機能してしまいます。私たちが目にするような問題を生み出してしまうのです。

自分の人生の意味と、他人の人生の意味の関係性を測ること

お金にまつわる問題を解くときにも、社会的「実在論」は有効です。

社会的「実在論」は、かつてのソ連などとは異なる社会主義の新しい形とも言えるでしょう。この社会主義に則《のっと》れば、私たちは、国家の立場から取引を測定するべきではありません。その際私たちは、純粋にお金の形態で取引を測定すべきです。正義に対する彼らの貢献を考慮して、人間の取引を測定しなければなりません。これが、新たな私たちの計測の単位になると想像してみてください。私がすることは、より良い世界秩序への貢献です。私の行動にあたって、この新たな単位が計測の役割を果たすわけです。これが機能すれば、現在の資本主義とは異なる数式が用いられることとなるでしょう。

たとえばこれを実践しようとする一つの学問分野がいわゆる「厚生経済学」と呼ばれるものです。私たちは、原始的な経済理論――これは実際に起こっていることに、しばしば盲目的だと言えるでしょう――を、まったく異なる価値体系に置き換えるさまざまな試みを行わなければなりません。なぜなら、経済理論と貨幣は、事実を中立的に記述するものではなく、事実を生み出すものであり、規範的なものだからです。私たちは、自らの社会

の評価における最高度の基準を変える必要があるのです。金銭的価値の観点で価値を考えるのではなく、人生の意味という観点で価値を考えるべきなのです。行動の価値は、自分が持っている人生の意味と、他人が持っている人生の意味との関係性という観点で測ることができます。これは社会を測定するまったく異なる方法となるでしょう。ヘーゲルが「人倫」Sittliehkeit＝ジットリッヒカイトと呼んだ倫理的な社会が必要です。ジットリッヒカイトは市民社会ではありません。ジットリッヒカイトは、人生の意味をより多く引き出す意志決定プロセスを重視する倫理的な社会です。

もし現在の消費財中心の社会的生産条件が、多くの人々の人生の意味を減らしているのだとすれば、それは、私たちが彼らを強制的に私たちの奴隷、あるいは労働奴隷にさせているからです。もしこれが私たちの生産システムであるとすれば、それは明らかに、グローバルな福祉経済とは両立しません。私たちの長期的な目標は、持続可能性を視野に入れた、グローバルな福祉国家でなければなりません。

ベーシックインカムと持続可能性がベースとなる「生存」条件

倫理的な社会の成立、持続のために、具体的な条件にも触れておきましょう。

まず、私たちにとって明確に必要なものは、グローバルなベージックインカムです。あるグループがベーシックインカムを得て、ほかのグループは得られないというのでは、十分ではありません。なぜなら、それでは新しい形の不正義を生み出すからです。あらゆる人が、貧困のラインを越える基本となる最低限の所得を得る必要があるのです。これが第一の手段であり、経済的には可能なことです。ただ、やっていないだけです。これが不可能だという人は、誰であれ、あきらめてしまっているのでしょう。私たちがそれを実行するかどうかにかかっています。それが第一です。

第二は、完全な持続可能性です。私たちは、持続可能でないものすべてを根絶する必要があります。もし化石燃料が持続可能ではないということが正しければ、私たちは、いますぐやめなければなりません。電動飛行機やほかの解決策を発明しなければならないとしたら、旅をするべきではありませんし、それを手に入れるまでは、家にいなければならないというだけで、ある意味、とてもシンプルな話です。今日から化石燃料も化石エネルギーもないと覚悟しなくてはなりません。人類にとっての脅威となるものは、すべて排除しましょう。これが第二のルールです。

その上で私は、人類がこうした問題にも、すぐに解決策を見つけるだろうと確信しています。なぜなら、いまや私たちの本当の意味での生存への関心が高まっているからです。私たちは、ただ自分自身を死へと追いやらないようにする何かを生み出す必要があります。こうした視点に立つだけで、私たちは解決策を見つけることでしょう。

民主主義は、物事を正しく行う可能性を高める真理の体制

そして最後のルールは、真の民主主義を導入することです。民主主義が、どんな問題でも投票で解決できるという意味だと、考えてはなりません。それは誤った考えです。ユダヤ人を殺すべきかどうかなどを議題に、私たちは決して投票してはなりません。

もちろん、私たちは、何人も殺してはなりません。民主主義は、必ずしもよい思想だとは言えません。ジェノサイドは悪です。私たちは、それを歴史から学びました。民主主義は、あなたが誤った決定をするということも意味しているからです。なぜなら、民主主義は、あなたが誤った決定をするということも意味しているからです。真に正しい意見がよいと考えるのではなく、民主主義の概念を、事実と客観性の概念に照らし合わせる必要があります。

私たちは、民主主義において真実の価値を持つ必要があります。投票プロセスと選挙の機能は、単に投票することなのではなく、真実に近づくことなのです。なぜ投票すること

になんらかの意味があるのでしょう？　今夜、私が夕食を食べるときに、誰もそれについて投票する必要はありません。私たちは、すべての事柄について投票するわけではないのです。

いま多くの国々で多くの人々が、民主主義とは、自分の利益が満たされるように、すべてのことに投票できるという意味だと、混乱が起きてしまっています。それは、民主主義ではないのです。

民主主義とは、私たちが物事を正しく行う可能性を高めるための、一つの思想なのです。それは真理の体制なのですが、私たちはそのことをすっかり忘れてしまっています。だからこそ、「ポスト真実」は、とても危険なのです。

「八百万の神」の国・日本からの学び――普遍性ある哲学の構築へ

さて、私はヨーロッパ哲学、とりわけドイツ哲学によって立つ哲学者として思考を展開しているわけですが、現在アジアと呼ばれている地域に存在するさまざまな形態の哲学が与えてくれる伝統の知恵を吸収することにも、大いなる関心があります。日本にも、哲学的な伝統がありますよね。いまの中国にも哲学的伝統があります。インドの哲学的伝統などは、とても重要で、とても複雑なものです。そうしたさまざまな思想を過去からよみがえらせ、現代の対話に持ち込むことには、多方面の可能性があります。

「新実在論」についての私の思想は、実はグローバル哲学と呼ばれるものでもあります。私は、差し当たって少なくとも二つの違いを克服したいと思います。すなわち、基本的にはヨーロッパ対アメリカ・イギリスという、大陸的な合理論と経験論の違いを越えることです。まずはそれを克服したいのです。その次の段階は、西洋と東洋の違いを克服することです。グローバル哲学はあらゆる場所からよいものをすべて取り入れます。これが、普遍主義です。

もちろん、さまざまな地域の伝統の中に生きる最高の思想を無視したくはありません。日本の知的な伝統の中には、多くのきわめて真摯《しんし》な哲学があります。そこには、哲学だけではなく、ほかの文化的産物も含まれています。哲学は、たとえば日本と西洋とのあいだでも、異なる歴史的事情があるがゆえに、その果たす役割は大きな相違があるように思います。人類の全体像を把握したいのであれば、このことすべてを考慮に入れる必要があります。もちろん、世界には多様な伝統に基づく空間の可能性――みなさんの場合は、現代日本の哲学――があり、私たちはその対話と相互の訓練が必要です。それは、明らかに私の全体像の一部です。

私には、明らかに日本から学ぶものがあります。それは、一神教の文脈の外で人間の社会と精神について考える伝統です。というのも、一神教は日本では一度も機能したことがないからです。そこには、人間の宗教、神話、芸術形式のまったく異なる歴史があるのでしょう。それらは、古代ギリシャとキリスト教の形而上学《けいじじょうがく》に特徴的な種類の問題にとらわれないものです。それは明らかに、現代のグローバルな時代にあっては、市民モデルの利点です。

東洋に西洋哲学はありませんが、それは驚きではありません。もちろん、すべてを取り入れる必要があります。人間の叡智《えいち》には長い歴史があり、日本はそのための驚くべき場所です。日本の近代性への貢献を考えてみてください。たとえば、レベルの高い映画なども、思想の表れです。私たちは、黒澤明がいなければ、「スター・ウォーズ」にさえ出会うことがなかったのでしょうから。

そうした普遍主義の考え方に立てば、経済の問題についても、ここアメリカで展開するアメリカ型資本主義とは一線を画した、日本的な解釈による新たな資本主義のあり方による克服の仕方があってもおかしくないでしょう。一神教に囚われない、日本で培《つちか》われた哲学的、思想的伝統をベースとする、独自の資本主義のスタイルです。さまざまな分野で、対話を続けていきたいと思います。

Ⅲ章　思考感覚が「引き裂かれた社会」を救う

――新実在論から考えた「ＡＩ社会の死角」

人間は同じ人間というだけで、どうして同じ感覚を共有できるのか?

いま、私を撮影するために目の前でカメラが回っています。カメラという機械自体は、知的ではありません。カメラは、私の言うことを理解しようとはしませんから。カメラは、私のスーツの色には、まったく関心がありません。カメラは、カメラのすることを、それが何であれ、ただ行っているだけです。カメラの中には誰もいませんし、考える主体も存在しません。カメラは、私について判断することはありません。カメラの中には、誰も住んでいません。カメラはゾンビのようなものです。完全に空っぽで、カメラの中には、心がありません。配線があるだけです。こうしてカメラは私を撮影しているのですね。

しかし、ここに背の高いエイリアンの文明人がいたならばと、想像してみてください。海に住んでいるのかもしれませんし、私たちの世界にはない何かほかの物質で構成された環境に住んでいるのかもしれません。空気もありません、水もありません。彼らは私たちとはまったく異なる生化学的条件の中で生きており、まったく異なる性質を持っています。逆さまに歩いているのかもしれませんし、三六〇度の視野を持っているのかもしれません。いずれにせよ、私たちとは、まったく違うのです。色の概念すらないのです。彼らには何かほかのもの、ニュートリノでも検出できないダークマターが見えているのかもしれません。

いまここで彼らにこのカメラを見せるとします。彼らは、カメラが記録した私の映像を見ても、ここに私という人間がいて、何かについて話しているなどと、思うでしょうか。おそらくまったく異なるものを見るでしょう。なぜなら、彼らは人間になど、そして私のような哲学者が語る問題になど、まったく関心がないからです。

そうすると次のような疑問が浮かびます。逆に言えば、人間は、ただ同じ人間であるという理由だけで、どうやって同じリアリティを共有でき、同じような感覚で話をすることができるのでしょうか。どうして、テレビの向こうにいるみなさんの感覚を想像しながら、私は話すことができるのでしょうか？

実はこの問題こそ、いまという時代に大きく脚光を浴びている人工知能＝ＡＩが社会に及ぼす影響を考えることと深いつながりがあります。これは、一つ間違えば人類の滅亡にもつながりかねない、とても重要で深刻な問題です。そして、この問題を考えることによって、人工知能ではなく人間が構成するこの社会にあって、民主主義が機能することの価値を、あなたは再発見することができるでしょう。

人工知能は、人間が作った効率的な問題解決の道具である

この章では、この時代に避けては通れないテーマ、人工知能＝ＡＩについて考えてみましょう。

みなさんは、人が「考える」という行為が何を意味するのか、あらためて考えてみたことがあるでしょうか。それぞれ自分自身について、自分の環境について、人生の意味についてなど、さまざまな思考をめぐらした経験があるのではないでしょうか。哲学とは、そうしたとき、どんな手順を踏んで自らが考えているのか、あらためてその行為の過程そのものについて、考察するものです。

そして実はこれこそが、ＡＩの起源でもあるのです。自分自身が何かを考える、その「考える」という過程自体について考えるからこそ、私たちは自らの思考プロセスを技術として表現することができるのです。現代のＡＩの歴史は、一九世紀と二〇世紀の哲学、数学、論理学の発展と共にありますが、哲学の歴史においては、その先駆けとなるものもあります。たとえば、偉大なドイツの哲学者ライプニッツによる計算機についての思考や、それに関連する思考的展開などです。

ではあらためて、人工知能とは何でしょうか？

まず知能とは、限られた時間の中で、ある特定の問題を解決する能力であると、定義してみましょう。人間やイヌ、ネコといった、一般的に動物ならば間違いなく持っている特性です。クジラなども含めても大丈夫です。

あなたに、数学の問題を出したとしましょう。そうですね、「2＋2は？」と、たずねたとします。知能が意味するのは、2＋2であれ、2＋2＋2＋2であれ、あなたが一つの答えを出すことができるということです。答えにどれだけの時間がかかるかによって、それが知能の尺度になります。だから「知能」テストでは、与えられた問題を解くのに必要な時間を正確に測定するわけですね。ある種の効率的な問題解決の能力です。

問題を発見できないモノは知的ではない――AIもハンマーと変わらない

ある問題解決のために、人間が作り出した道具。これが、私がいまから考えてみようとしている、AIという存在についてのシンプルな定義です。繰り返し、確認したいポイントです。「人工」知能は、人間が作った道具なのです。

ピアノは人工物ですね？　この地図も人工物ですよね？　なぜなら人間が作り出したからです。私の娘たちは人工物ではありません。なぜなら、彼女たちは有機的だからです。

たとえ私たちが遺伝子工学でイヌを作っても、それらを人工物とは考えません。しかし、人工知能は、明らかに有機的ではありません。無機的な素材でできています。現在、人工知能研究において、私たちは生命力を備えた細胞を使っているわけではありません。本物の生物学的な細胞ではなく、細胞を表す代用品を使っているにすぎないのです。ここに、私たちが最初に確認すべき、きわめて重要な哲学的な問いがあります。

人工知能は、本当に知的なのでしょうか？　そして、もし知的でないとしたら、それらはいったい何をしようとしているのでしょう。それらが知的でないことが明らかになるだけでは、十分ではありません。なぜなら、それらの人工物が勝手に何をしていて、さらにその理由は何なのか、私たちは把握する必要があるからです。ＡＩ研究の専門家たちの中にも、実はこれらの機械の暴走に懸念を抱いている人々がいます。そもそも、この「知能」は、なぜ機能するのかという根本的な疑問が明らかになっていないからです。

先に定義したように、知能が限られた時間内にある特定の問題を解決する能力を意味するのであれば、その問題すら発見できないものは、知的ではありえないことになります。問題を持たないモノは、ただのモノです。

たとえばここに地図がありますね。地図は、知的ではありません。地図自体は問題を持っていないからです。人間の目には、この記号の連なりは、明らかに地図として認識されます。しかし、抽象化する視点に立てば、地図は存在しません。地図は、人間が知覚するからこそ、そこに存在するのです。繰り返します、地図は問題を持ちません。壁や窓もまた問題を持たず、私たちを外の寒さから安全に保つ、すなわち、寒さから守るといった問題を解決しようとはしません。私たちがここにいるというだけで、窓それ自体は何一つ問題を解決することはないのです。それはただの窓です。

もちろん、次の地下鉄の電車が何時に出発するか知りたいときや、京都までの距離を知りたいときには、スマートフォンを使ったほうが知的です。しかしその場合も、あくまで私の使い方が知的なのであって、スマートフォンが知的なのではありません。機械自体はハンマーと同じ存在です。小さな部品からできたとても精巧なハンマーです。賢いデザインです。きわめて重要な意味において、人工知能という名の知能はまったく存在しないと、声を大にしてお伝えしたいと思います。

処理の過程をいくつかのステップに分解する、アルゴリズム

人工知能に知性はありません。それは幻想です。しかし残念ながら、多くの誤解が広

がっています。その名の通り、「知能」が搭載されているという誤解です。

これらの機械は人々が使用する過程で、アーキテクチャすなわちコンピュータの機能上の構成方式を変更します。そして、その構成を変更するルールは、まだいま現在すべては明らかになっていません。それは、ブラックボックス問題と言われる現象です。インターネットを構成するすべての過程は、実のところ、まだ誰にもわかりません。本当にすべてを知っている人はいないのです。インターネットやスマートフォンやデータを究極的にコントロールすることはできません。なぜなら、人が使用する過程で問題を解決するアルゴリズムだからです。

アルゴリズムとは、プロセスをルールによって統制されたステップに分解し、定式化して表現したものです。例をあげましょう。自宅で寿司を作りたいとします。まず米を調理します。洗います。水が澄むまで洗います。そして魚を調理します。みなさんおわかりのように、これには多くの技術が必要です。プロでない限り、きれいに魚をスライスすることはできませんよね？　包丁の刃を入れる位置、角度などを知る必要もあります。手の感触で知る必要がありますね。これは非常に複雑なプロセスでしょう。ここで私が行っているのは、包丁を入れ、そして抜く、繊細な過程です。

この行為を「手順」として整理できます。ステップに分解することができるのです。包丁を抜くには、一定の方向に動かす必要がありますが、そうした方向も座標軸上で数学的に表現できるわけです。

この方向に魚を開くと、幾何学的な空間では、位置ベクトルが移動して……といった具合に、点や数学的表現に置き換えます。これがアルゴリズムです。アルゴリズムは、自分自身の行動に異なる分析を加え、そこから明らかになるルールに従うことで、つねにある行為を可能にする処理手順なのです。

何かをするときは、いつでも——たとえば、道を渡るとき、友だちに電話をかけるとき、人工知能について考えるとき、この番組を見るとき、あるいは、指の爪を切るとき、何にせよ、あなたはルールに従っています。それこそがアルゴリズムなのです。私たちはみな、アルゴリズムを使っています。まさにこうして、私たちは知的になるのです。効率的な方法で問題を解決するからです。人工知能とは、このようなものです。私たちは機械を作り、その機械は純粋に数学的な方法でルールに従います。

ルールで機能しながら、ルール変更することで知的に「見える」ＡＩ

その機械にはルールがあり、私たちが作る機械は知的であって、実際、知的に見えます。なぜなら、それらはルールで機能しながら、ルールを変更できるからです。それらは決定論的ではなく、ランダムなところがあるのです。蓋然性《がいぜんせい》と統計の要素があります。私たちが数式を変えるのは、純粋な決定論からでした。たとえば、これこれは柔軟構造物に対して、このようなアウトプットを与えてくれたかどうか、などですね。ここにある目新しさがあります。

人工知能が統計的で蓋然的な概念を用いるとすると、私たちには、それがどのように機能するのか、完全に理解することはできません。私たちにわかっているのは、それがあるポイントまでは機能するということだけです。また、ほかのあるポイントにおいて、それが崩壊してしまうこともわかっています。しかし、どんなインプットに対してどんなアウトプットを得られるのかは、私たちには事前に知ることはできません。だからこそ私たちは、名人に勝利し名を馳せたようなアルファ碁の人工知能システムが、人間より知的で創造的だという印象、すなわち、予測不可能であるがゆえに、人間よりも優れているかのような印象を持ってしまうのです。しかし、それは、あくまでも印象にすぎません。

判断の理由がわからないままに暴走する機械の恐怖

ここで、特定の目的、たとえば東京の地下鉄運行の編成のために完全にうまく機能するシステムがあると想像してみてください。近い将来起きうることですが、人工知能だけで走る地下鉄を想像してください。人工知能が、いつ電車を止めるか、いつ修理するか、どのくらいの速度で走るか、すべてを決定します。映像に映っていること、車両の中で起こっていることに応じて、警察を呼ぶかどうかまでも決定するのです。よりよく、より効率的になり、私たちはみなハッピー、のはずです。ところが、突然地下鉄が人を殺しはじめます。地下鉄の車両同士がぶつかり合います。誤った警報で絶えず警察を呼び、北朝鮮に誤報を流して核戦争を始めてしまうかもしれません。こんなことが起きうるのです。

なぜか？　機械が私たちをどう判断するか、私たちにはわからないからです。これを実証できる非常にシンプルな例があります。そしてここにある、深い問題がおわかりになることと思います。

想像してください。あなたは高校の先生です。生徒に＋2のルールを教えています。つねに2を足すということです。生徒たちが2、4、6、8、10と、一連の数字をリストに書き出している様子を見ています。彼らはうまくやっています。あなたは＋２の数字を、１００００まで、生徒たちに間違いがないように書かせます。あなたは、クラス全体が２、４、６、そして９８００、９８０２と、完璧にできていることを確認しました。彼らにＡ評価を、あなたは与えるでしょう。彼らは２＋２を理解し、つねに２を足し続けていけるようになりました。彼らはルールを理解しましたね？　あなたはそう思っているでしょう。

　翌日、あなたは生徒たちに「調子はどうだい？」とたずねます。すると彼らはみな、こう答えるのです。「はい、ぼくたちは一晩中書き続けていました。とても楽しかったです」と。見ると、彼らは１００００の次は、１０００４、１０００８、１００１２と書いています。いつの間にか１００００からは、＋２のルールではなく、＋４のルールになっていました。あなたは驚くでしょう？　あなたはあわてて、彼らにそれをやめ、１００００からも＋２を続けるように指示します。彼らは「ああ、わかりました」と言うでしょう。しかし彼らは、今度は１００万を超えると、１００万、２００万、３００万と続けていきます。彼らが従っているとあなたが思っているルールに、本当に彼らが従っていると、あなたはどうやって知ることができるのでしょう？　あなたの言葉を理解できるはずだと思い、彼らに従うよう指示したルールに、本当に彼らが従っているのかどうか、あなたはどうやって確かめることができるのでしょうか？

私たち人間にあってＡＩにはない、進化の歴史

ＡＩの処理の過程にはブラックボックスがあるのに、人同士はなぜ、簡単に思考のプロセスを共有し、わかり合えるのか？

そこでひとまずありうる回答は、人間がみな同じ生命体だということです。つまり人間がほかの人間と話すことができるのは、私たちがおおよそ同じ脳を持っているからです。有史以前におよそ同じ進化のプロセスをたどり、数百万年前に、地球上で異なる遺伝学的なグループに枝分かれしていったからです。私たちはみな、人間です。これは、私たちに関する生物学的な事実です。私たちは、同じ種の同じ構成員です。だから、あなたは私を見ることができるのです。あなたは、有史以前からの進化ゆえに、たとえば私のような人間の顔を認識することもお手の物だからです。

しかし、ＡＩはそうではありません。進化の歴史などありません。私たちがＡＩを作ったのです。したがって、人工知能を信頼できる理由はまったくありません。人間なら大抵信用することができます。時にうまくいかないこともありますけれどもね。

生命体であれば、人工物であるＡＩは信頼できないはずだ

確かに人間は時に裏切りをしたり、時に考えを変えたりすることもあります。人間は非合理的ですよね。しかし、信頼もある程度まで機能するのです。なぜなら、私たちは同じリアリティを感じているからです。私たちは、モノや概念を共有していますが、人工知能と厳密に概念を共有しているわけではありません。人工知能は生命体ではないからです。もし本当に人工知能が存在するなら、まず人工生命が必要になるでしょう。そしていま一部の研究者たちは、人工生命を作っていると主張する段階に入っています。

ここで、こちらの地図を見てください。人工知能のシステムと人間の知能の関係は、ひとことで言えば、地図とリアリティの関係に似ています。

地図上のブラジルは実際のブラジルではなく、同じように日本も日本ではありません。これはブラジルの場所を表し、これは日本の場所を表しています。日本とブラジルに関する現実の多くの事柄は、この地図の上には、当然ありません。たとえば、あなたもこの地図上にはいませんよね？　この地図は、ブラジルと日本のあいだの特定の側面と関係を表しているにすぎません。同様に、人工知能やインターネットも、それがすべてではありりま

「地図の上に、現実はない」

せん。何かの一部にすぎないのです。私が人工知能の助けを借りてホテルを予約しても、私のコンピュータは旅行には行けません。旅行に行くのは人工知能ではなく、私です。

人工知能のシステムと人間の知能の関係は、ひとことで言えば、地図とリアリティの関係に似ています。人工知能のシステムは、リアル知能のモデルではありますが、リアル知能のモデル自体は知的ではないのです。ここが非常に重要なポイントです。

ここにとても素晴らしい地図に関する本があります。この本の中に、『ザ・ニューヨーカー』（一九七六年三月二九日号）の表紙が掲載されています。九番街からの有名な景色が表紙になっていますね。『ザ・ニューヨーカー』は、すべてをまるでニューヨークが中心であるかのように見ていますが、東京の人で

『ザ・ニューヨーカー』の写真を指すガブリエル

あれば、すべてを東京が中心であるかのように見るでしょう。人間の行動とはそのようなものです。でも、地図を比較してみましょう。地図の上で、自分がどこにいるのかわかりますよね。これが、人間の思考について非常に注目すべき特徴です。この一見当たり前のようなことの重要性を理解する必要があります。

「現実」と「現実のイメージ」のあいだにある違いの感覚を、ＡＩは持てない

思考する人間は、それ以上のさらなるイメージや情報がなくても、現実とイメージとを比較することができます。

みなさんには、いまテレビ画面上で私が話している姿が、見えますよね？　多くの人が、自分が見ているのはリアルではない、自分の頭や脳の中の画面上のイメージを見ているのだと思うのかもしれません。しかし、なぜそう思うのでしょう？

光の粒子があなたの神経の末端に当たっているからだと、あなたは思うでしょう。脳は、あなたの網膜上で起こっている出来事の表現として、視覚野のどこかで画像を作りはじめます。こうしたことが統合されて、私の映像になっているのですね。

でも、もしそうであるだけならば、あなたは映像上の私を認識することができず、その画面も見ることができません。あなたが見ることができるのは、いつも自分が作りあげたイメージだけのはずです。どうやって、現実の私と、映像の私の違いを区別することができるのでしょうか？　現実と現実のイメージとを比較することができなければ、イメージがあることすら、知ることができないはずです。言い換えれば、「現実」と「現実のイメージ」のあいだにある違いの感覚を人間は持てますが、ＡＩは持てないのです。

リアリティは脳の中で表現されていて、現実それ自体を認識することはできないという考え方……。こうした思考法は現代の人工知能研究者たちの基盤となるイデオロギーですが、実はカントも取り入れていますし、またそれ以前のジョン・ロックや古代の哲学者たちも同じ考えでした。経験主義と呼ばれるものです。経験主義は、残念ながら完全に欠陥のある考え方です。

さらに、もう一つ危険があります。人工知能研究は、哲学的な間違いに基づいています。

もしあなたの銀行が数学的な間違いを犯していたら、すぐに別の銀行にお金を移すでしょう。もし、彼らが基本的な数学さえ知らなかったら、あるいは会計士がミスをしたら、どうでしょう。いつも間違いをすると想像してください。銀行に行って一〇万円を預けても、口座を見ると、五万と表示されています。そんな銀行には、もう行きませんね。彼らはミスをします。逆に、それがあなたに都合のよいミスであれば、あなたは彼らを信用しますか？　あなたは、彼らが数学を学ぶべきだと思うでしょう。

多くの人工知能の研究者たちは、なぜ自分たちの思考が拠って立つべき哲学を知らないのでしょう。彼らが経験主義者たちの影響を受けていると言わざるをえませんし、それが大きな問題につながっているのです。

一部の法則に辿り着けば、宇宙全体を知ることもできる感覚思考

ここで経験主義に対し、対極にある哲学を置いてみましょう。観念論と呼ばれる考えです。たとえば、カント、フィヒテ、シェリング、ヘーゲルといった有名なドイツの哲学者たちの思想のベースは、みな観念論にあります。これは、ドイツの哲学、思想における重要な伝統です。

観念論とはどのような思想なのか、そして、なぜ観念論が正しいのか、あるエピソードからお話ししましょう。

一人の物理学者との出会いがありました。『無限の始まり』を著したオックスフォード大学の有名な量子論の研究者デイヴィッド・ドイッチュです。私は彼に会ったとき、自然の法則についてたずねました。彼は、量子力学の方程式を、そしてその数式の構造を説明してくれました。あなたも彼に会えば、注意深く耳を傾け、多くのことを学ぶ、素晴らしい経験ができるでしょう。そして宇宙の法則を知ったあなたは、電子が存在するところであれば、どこででも、どこにいても、その方程式に従う自らのありようも、宇宙のありようも理解できることでしょう。データを集めることによって、宇宙が遍在していて、およそ同じ構造だということを知ることによって、宇宙の広がりを知ることになるのです。

しかしそのとき、一部の理解のみで結論に飛びついているのではありません。ここでとても重要なのは、あなたは一部の理解に基づいて、思考の中で宇宙の構造を捉えているということです。それが日頃から私たちが行っている一つの思考法です。

たとえばいま、私はある本のあるページを開いてカメラに向けています。あなたは、テレビ映像を通して、私が開いている本の一ページを見ることによって、本全体を把握し、

「本があるとは知らなくても、本を感じることができる」

それが本だとわかるのですよね？　ＡＩのようにセンサーで画素の集積として認識しなくても、あなたは、本だとわかるはずです。もし私たちが、こうしたさまざまな感覚の総合化をしなければ、どうなってしまうのでしょう？　いまあなたが見ているこの本、これは、ホログラムではありません。これは、アニメーションではありません。私がお見せしているのは、私がいま実際に手に持っている本です。あなたは、それが映像に記録された、画面上の本の表現を見ているのです。そして私は、疑う人々のために本当に本は存在し、これは撮影したものだと言うことができます。

それが可能なのは、あなたには、自分で意識している以上にさまざまな感覚というものがあるからです。みなさんは、少なくとも五つの感覚があると聞いたことがあるでしょう。視覚、聴覚、嗅覚、味覚、触覚です。これらが、よく知られた感覚のモダリティであり、センサーです。そして私たちは、実はもっとたくさんの感覚があることを知っています。私たちはみな、時間の感覚を持っています。また、私たちの免疫システムも、実際は感覚器官なのです。平衡感覚もありますよね。

「思考感覚」——思考も感覚の一つであると考えれば他者への姿勢も変わる

あなたは空間と時間における自分の位置の感覚を持っています。これは、医学や神経科学などによって研究されています。これが人間にどのように作用するのでしょうか？　人間にはいくつの感覚があるのでしょうか？　まだ考えたことのない感覚が存在するのではないでしょうか？

もし、人間の思考が感覚だったら？　ここから、本の断片を見たり聞いたりするだけなのに、自分の目の前に一冊の本があるとわかるのは、いったいなぜなのか、説明することが可能です。

いま本を閉じました。パタンと閉じる音が聞こえたでしょう？　本があるとは知らなくても、誰かが本を閉じる音がすると、目を閉じていても、本を感じるのです。どうやって、これらの感覚をつないだのでしょう。私がいまここで見て感じている本があることを、どうやって知ることができるのでしょう？　食べることはしません。だから、味はわかりません。ではどうやってこれを知るのでしょう？　どうやって感覚を結びつけるのでしょうか？

この有名な問題、すなわちさまざまな感覚の結合の問題も、まだ経験論的には解決されていません。現在、神経科学者も、心理学者も、医学研究者も、誰も人間という有機体がどのように感覚の統合を行っているのかを解明できていないのです。なぜなら、私が「思考感覚」と呼ぶものがあるなどと、誰も想定していないのですから。そう、私は、「思考感覚」という概念の存在を提唱したいのです。

もし人間以外のほかの多くの動物が、その感覚を持ち過ぎたり、発達し過ぎたりしているとしたらどうでしょう。彼らは、私たちが現在知っている動物ではないでしょう。思考が、ほかの感覚に加えて、私たち人間に特徴的な感覚であれば、「感覚として思考する」ことで現実感が生まれ、リアリティを感じることができる理由もわかります。そして有名な「我思う、ゆえに我あり」というデカルトの言葉が、はるかによりよく理解できるようになるでしょう。デカルトにおいては、私の人生は夢ではないと信じているにすぎません。それに対して、私は自分の人生が夢ではないことを知っています。なぜなら、私には思考という感覚があるからです。

四歳の娘に「人生が夢ではないことをどうして知っているの？」とたずねたことがあります。私は、彼女に有名な哲学的質問をしてみました。「どうやってあなたは自分が『マトリックス』の中にはいないとわかるの？　どうやってこれがシミュレーションではないとわかるの？　どうやって自分がビデオゲームの中にはいないとわかるの？　どうやって自分が本当に存在するとわかるの？」。

彼女の答えは、こうでした。「考えたら、単純よ。だって、もし考えることが感覚だとしたら、いま私がブルックリンにいると考えれば、私はいまブルックリンにいることになるのだもの。どうやったらわかるかって？　周りを見て、考えるの。だって、考えるということは、周りを見ることでもあるから」。

娘に勇気づけられた私の仮説は、あなたが想像する以上にはるかに革命的です。なぜなら、この仮説が意味するのは、私たちが脳の機能を再認識しなければならなくなるということだからです。これは、刺激的な新たな問いを生む思考ですが、人工知能やほかの人々、動物などに対するみなさんの姿勢も、ものの考え方も変えることになるでしょう。

「思考も感覚」と仮に考えれば、感じられる現実はすべて表象される

「思考も感覚である」。これはラディカルな思考実験です。仮説という形で提示しなければなりません。

ここで、少し想像してみてください。私たちの脳がテレビのようなものだと。番組を見たとします。これが画面に表示されます。あなたが見ているイメージはテレビの中にあるわけではありませんよね。テレビを解体しても、小さなマルクス・ガブリエルはそこにいません。電子機器があるだけです。一方、私の脳を開くと、ニューロンが見えます。もしテレビが客観的に存在しているイメージを受信し、脳が客観的に存在している表象を受信したらどうなるでしょうか？　あるいは、脳がインターネットのような検索エンジンであると考えてください。検索すれば、入力した画像と情報が表示されます。脳が神経コードの検索ラインのようなものを持っていると想像してみてください。どうですか？

いずれの場合も、あなたの脳が私のイメージを構築するわけではありませんよね？　このことによって、ものの見方が完全に変わるのです。現実は、客観的に存在する表象であって、その基本は実は表象にあり、仮にそうでないものも表象可能であると考えること

ができるのです。

私は表象可能な意味です。あなたは、私を感じることができますよね。つまり、私と、あなたが私を感じることができるという事実のあいだには関係があります。このことが意味するのは、私は、あなたが私を見ているという事実に本質的に関係しているということです。形而上学的に、私は隠れることができません。現実から消えることはできないのです。私は表象可能です。

では、もし現実が表象可能であり、表象不可能な部分を私たちが知ることはないとしたらどうでしょうか？　現実の一部分が表象不可能であるならば、私は決して知ることができません。定義上そうなります。現実の表象不可能な部分は知ることができません。したがって、実際に私たちが知りうることについては、観念論は真なのです。

私がいまブルックリンにいることを知ることができるのであるならば、私たちはそれをうまく表象しているからです。私がブルックリンにいて、あなたがこれについて考えているわけではありません。あなたと私のあいだには、壁があるわけではないのです。私たちの心には壁はないのです。

ヘーゲル「精神現象学」が教える——主観と客観を越えるリアリティ

さて、思考もまた感覚の一種であるとする私の仮説についてお話ししたわけですが、これまでに書かれたもっとも優れた書の一つと言える『精神現象学』の中で、このことを実証した哲学者ヘーゲルの言葉を引用しましょう。この本の「序論Einleitung」で、彼は「モチ竿《ざお》」（小鳥などをとるためにモチを先端につけた竿）のメタファーを用いて、カントを批判しながら、「主体と客体のあいだに完全な境界線はない」と書いています。そして、「認識と絶対の真理とを切り離して考えることがむしろ解決不可能な問題を生む」とも言っているのです。

私たちの心や体には、私たちを現実から隔《へだ》てる境界線はありません。私たちは、リアルなものとして現実の中に存在し、そのリアリティ、現実性は本質的に表現可能なものなのです。もしこれが正しければ、観念論は正当化されます。こうした文脈においては、いわゆるドイツの観念論から、現代の神経科学、認知科学、コンピュータ科学、人工知能研究に至るまで、この最高のアイデアを導入する必要があると思います。なぜなら、ドイツの観念論は、ずっと優れた認識論の視座を与えてくれるものであったからです。

そうした視点に立って、人工知能の発想の原点であるとされるチューリングら、現代の分析哲学者たちの思考をドイツの観念論と比べてみれば、あまり意味を成すとは言えません。私たちはいまこそ議論のテーブルに観念論という最高のものを持ち込むべきです。哲学的な間違いは、正さねばなりません。観念論の伝統は、表現の領域においては、あなたが知るものはすべて決して表現不可能なわけではないということを証明してきたからです。

脳を含む人間という有機体を再考するとき重要なのは、私たちが持つ現実感は、私たちが生み出しているものではなく、受け入れることで生まれているという視点です。私たちが事物を目にする網膜にも、ほとんど感覚がありません。私たちは、現実を「そのまま」受け入れるのです。

観念論を批判的に継承するとき――「新実在論」の実践的意味

では、「新実在論」の話をしましょう。ここで確認しておきたいのは、私にとって観念論は正しい哲学の前提にすぎないということです。私自身の哲学の第一原理である「新実在論」は、この観念論の伝統を継承した上で構築しました。

そして私の「新実在論」の第二の前提は、私が世界と呼ぶものは存在しないということです。唐突な宣言だったでしょうか？　理解してもらうために、もう少しほかの言い方をしてみましょう。

すべての表現は「リアリティの表現可能な範囲」であり、「大きな一つの全体像」をなしているわけではないということです。これは、ドイツの観念論の系譜に連なる哲学者たちが考慮しなかったことです。なぜなら、彼らはすべて表象可能なものは、一つの完全な像にまとまっていると考えたからです。たとえば、ヘーゲルは発展的な歴史世界において自己を実現していく、言わば完全なる無限の精神を「絶対者」と考えました。

　確かに、さまざまなリアリティを感じとることができるのが、私たちです。私たちの器官や中枢《ちゅうすう》神経は受容者であり、生産者ではなく、さまざまなリアリティを受け取ります。そこまではその通りだと思いますが、しかし、そのリアリティを「すべて」包括するような全体＝世界は存在しないと、私は考えます。

　たとえば、あなたはいま、このテレビ映像についての情報を、まさに受け取っていますね。テレビ画面にいる私を、いまこの瞬間見ているはずです。しかし、実際は、あなたは私の未来の中にいるのです。私は、ここで未来に向かって話しています。なぜなら、この映像は現在制作中だからです。あなたは、私を見ているのではなく、未来の私を見ているのです。と言うより、未来において画面上に映る私の表現を見ているのです。つまり、私のイメージを見ています。こうして私のイメージは現実の一部となります。この状況は永久に宇宙の一部となります。それは未来において起きるので、時間の次元を持っています。いまの段階では、イメージはまだ完成していません。このイメージは将来、宇宙の構造のために消えることになるかもしれませんが、かなり長いあいだ（半永久的に）残ることでしょう。

そして、一度あなたがこのイメージを受け取ったならば、あなたはそれと相互作用するようになります。未来の出来事において起きることが現在の出来事を規定する。それは、ある意味、量子力学がもたらす現実より不思議なものなのです。

プラトンから現代に到る、感覚と思考を明確に分類する伝統的な考え方

宇宙には未来から過去への因果関係があるのです。あなたは、いま起きていることに貢献していると感じることがあるかもしれません。それは明らかに感覚であって、思索的なものではないでしょう。

結論として、私がここにいるのは、みなさんにお話をしようとしているからです。私の想像力、そして私の表現——あなたが私を表現したものを、さらに私が表現すること——

が、私がいま何をしているかを決定します。ですから、もしあなたが自分のことを頭蓋骨《ずがいこつ》の中で隔離された脳だと考えているなら、それは間違いです。実は、それ以上にずっと深いところで、私たちは結びついています。私たちは自分自身の心の囚人《しゅうじん》ではないし、ましてや脳の囚人でもありません。

人間の思考についての考え方は、プラトンやアリストテレスに、また、カントや現代神経科学にも見られます。これらを「伝統的な考え方」と呼ぶことにしましょう。その考え方によると、人間の感覚と知覚のあいだ、すなわち、人間の感覚と思考のあいだには、明確なカテゴリー上の違いがあります。知覚とは、外から来る概念です。それらは、人々が言うところの遠隔刺激です。つまり、ある一定の距離にある何かです。私の手が、まさにいま、私の末端神経を刺激します。すると思考は、頭蓋骨の中の大脳皮質かどこかである反応として起きるというわけです。

しかし、思考は外から来る刺激に反応し、来たものに対して、ある種の秩序を与えます。これは「強制の視界」と呼ぶべきものです。したがって、この伝統的な見方によれば、思考は現実に構造を押しつけますが、現実はその構造を持たないというわけです。

アリストテレスは、この考え方を擁護し、弁証法を唱えました。ギリシャ語でデータの統合を意味するsynthesis＝ジンテーゼがその成果です。おわかりの通り、これは私たちの時代にも影響を及ぼしています。ビッグデータについても、同じように考えているでしょう？　データの総合が思考であり、思考とはデータの集積であると、いつの間にか多くの人々が思い込んでいるのではないでしょうか？

人工知能やパターン認識も、まさにその考え方に対応しています。データポイントがあって、点をつなげてイメージを描くと、そのイメージはパターンになりますよね？　これが伝統的な思考についての考え方であり、この考え方は、私たちの科学技術文化の中で完全に体現されています。テクノロジーは、こうした前提の上に機能しているのです。

しかし、私たちは、この考え方を克服する必要があります。

思考とは、すでにそこにある感覚を見つけ一緒に把握するものである

私はこの「伝統的な考え方」を完全に否定します。思考それ自体が感覚であり、それ以外の何ものでもないとしたら、ノーと言わざるをえないのです。さまざまな記号で、現実に関する完全な情報を受け取ることになりますからね。

私の仮説によれば、思考とは、真実であっても嘘であってもよいものなのです。たとえばここに、ある考えがあるとします。「私には左手がある」。それは間違っているかもしれませんが、間違いではありません。私は、本当に左手を持っていて、それを信じる理由もある。ほら、こうして、実際に見ることができます。しかし、目の前に手があるという考えは、それを誰が言うか、誰が思うかなどによって、真実であったり、偽りであったりしますよね？　このように、思考とは、真実でも偽りでもありえるもので、私の感覚器官の能力を働かせる行為です。その意味で、思考とは、考えを把握することです。この考え方は、すでにプラトンの中にあります。

　プラトンは、思考とは把握することであると述べています。現代の言葉においても同じです。その伝統に由来する「概念」conceptという言葉は、ラテン語で「一緒に把握することconcipiere」を意味します。プラトンはこれを「一緒に見ること」とも呼んでいます。こうして、あなたは物事を正しく結びつけます。しかし、それはあなたがそれらを変えることを意味しません。

　現代の哲学者や現代のビッグデータの世界には、思考とは物事を変えることだと考える傾向がありますよね？　あるいは、英語では「意味を作る」make senseと言います。本当に意味を作っていますか？　単に意味を「見出して」いるのではないのでしょうか？

思考が意味するもの。それは、私たちが、すでにそこにある感覚を見つけることなのです。リアリティとは、すでに意味のある理想であって、私たちのような生命体が表現でき、認識できるものなのです。

自己イメージとの闘い

私が述べてきた考え方は、政治や科学だけでなく、実はみなさんの日常生活にも大きな影響を与えます。人間には自己イメージというものがありますよね？　あなたには、人間とは何かについて、イメージがあるでしょう？　不滅の魂があると考える人もいれば、魂など存在しないと考える人もいます。世の中には、さまざまな宗教や世界観があり、みな人間の本質について複雑な考えを持っています。

しかしそんな中、まさにいまという時代、一つのとても強力な新しいイメージが広がりつつあります。それが、私たち自身が人工知能のようなものだという、なんとも皮肉な人間観です。あるいは、逆の方向から見れば、人工知能は人間の知能と同じようなものになって、人間の知能に取って替わろうとしている、という想いを抱く人々も少なくないかもしれません。この議論の中で、もっとも危険で恐れなくてはならないのは、人間が自分自身に対して抱く、あるイメージです。人間の思考能力に関して、もし私が正しいとすれば、社会全体の概念を、人工知能が振りまく幻想から解き放つ必要があります。

さて、私がいまお話しししているのは、すべての人間が共有する普遍的な能力のことです。あなたが日本人であれ、ロシア人、中国人、ウクライナ人、ドイツ人、アメリカ人であれ、関係ありません。意識があり、目が覚めていて、多かれ少なかれ健康である限り、私たちはみな、リアリティについて考える能力を共有しています。もちろん、その能力を実現するための肉体が必要ですが、私たちはみな、それを持っています。たとえ言葉は違っても、すべての人間は、みな大いに同じように考えているのです。しかし、同時にそれはただ私たちが異なる考えで思考する、ということを意味します。

日本人の視聴者のみなさんは、私が知らない日本や自分の生活についてご存知ですから、私が考えられないことを考えることができますし、またその逆もあります。でも、そのことについて話をすれば、お互いに理解し合えるでしょう？ それは可能なことです。また、私がネイティブ・スピーカーと見分けがつかなくなるくらい日本語が上手に話せるようになるのは、大変ですけれど、それも可能なのです。残念ながら私には時間がなく、日本語の能力でみなさんに近づくことはできませんが。もっとわかりやすく言えば、日本人の赤ちゃんをドイツで教育すれば、ドイツの詩人にも、首相にもなれますよね？

　人間は、思考のレベルで異なる種類に区別できません。私たちは、みな同じです。普遍的な人間の思考感覚があるのです。私はその感覚をさまざまな方法で訓練できると考えています。ジムに通ったり、フィットネス・スタジオに通ったりしますよね。哲学者として言わせてもらえば、思考感覚を強くするためには、哲学のジムに行かなければなりません。私たちは、動くことが健康に良いことを知っています。少なくともある程度の思考訓練を受けていないのは、良くないことです。まさにいま、人類の精神衛生にとって、それはきわめて重要なことだと思います。人類は、人工知能や完璧なポスト・ヒューマンの未来についての誤った幻想に取りつかれているからです。こうしたことはすべて、哲学の精神ジムで十分に運動しないと起きることです。

　現在人類に起きていることは、プロパガンダによって、あるいは教会によって、国民国家によって、独裁者によって、そしてテクノロジー産業によって作り出された人間に関する誤ったイメージとの精神的な闘いです。反撃する必要があり、それは私たちの思考感覚を訓練する必要があることを意味しています。これが本来の悟りの概念です。そう、あえて自分自身、あなた自身が思考するのです。

社会的、政治的改革のツールとして哲学を用いることの可能性と必要性を、私自身よりよく理解できるようになったのは、哲学研究者としての役割を正しく理解できはじめたときでした。私の給与も税金で支払われており、国家のさまざまな制度の一部になっていること、そして、良い社会システムにおける哲学の役割は、私たちがいかにしてより良い条件下で生きていくべきか、理論に基づいた処方箋を正確に提示することにあるということを、です。遅かれ早かれ、人生に対する責任と倫理的な要求を感じるようになるのです。外部からだけではなく、自覚するようになるのです。

AIについて考えることで、あらためて甦る民主主義の価値

哲学は、社会改革における政策の結果に対しても、決して盲目的ではありません。こうして、人工知能について考えてきたことから明らかになったと思いますが、リベラルな民主主義は、それ自体が価値のあるシステムなのです。これらはもちろん、政治哲学の結果です。ですから、社会の基盤は哲学と密接に関係しており、科学とテクノロジーも同様です。

人々が社会改革のための哲学の重要性について私にたずねてくるという事実。そこで

人々の声に耳を傾けることは、ドイツ市民としての、そして次のステップでは、ただ人間として、地球という惑星の市民としての、私の責任だと思います。そう、それは責任の問題なのです。社会改革にどう哲学の着想を統合するかを理解したいという人々の願いに応えないのは、無責任というものでしょう。そして、これは二一世紀の最先端モデルだと思います。つまり偶然にも、哲学にはいまや、二一世紀のために何かを考え出す責任があるのです。そして、私はまさにその要請を尊重します。私はそのことに異議を唱えることはできません。

もし私がその要請を断るとしたら、傲慢《ごうまん》、怠惰《たいだ》、恐怖、臆病などの理由によって象牙《ぞうげ》の塔に退くことを意味するでしょう。しかし、これらはすべて、現代の混迷をきわめる問題について考えはじめたときには持っていなかった特性なのです。

それは、未来の世代に対する責任の問題でもあると思いますが、それだけに限らないのです。なぜなら、それを単に否定するということは、生命の形態におけるひとりの人間として、私自身の限りある人間性自体を拒否することを意味するのです。私は社会的な存在なのであり、これは重要な認識の一部です。その認識とは、独自の非常に特異な理論に基づく認識を持った哲学者でさえ、人類の一員であり、実際には大切な個人なのだという認識です。

二一世紀に向けて到達すべき次のステップは、公共の場における主張の和解です。人類の哲学への関心と真の哲学は、手を携えて進む必要があります。これが二一世紀の姿です。

歴史が繰り返されないためにできる限りのことをするのは、私たちの責任です。なぜなら、私たち自身がめちゃくちゃにしてしまったのですから。そしておそらく、私たち自身のトラウマ的な過去を伴う経験が、よりよい未来に本当に貢献できるかもしれません。

哲学者としての責任感が恐怖を上回る――だから問われれば答え続ける

どんな市民でも、どんな民主的な公共の場の交流であっても、あなたを民主的な公共の場に引っ張り出すもの――これからの住宅計画の開発、地下鉄の修理、一般向けの哲学書の執筆、テレビ番組への出演、東京の首長になったり、小都市の首長になったりすることなど――は、あなたを不安にさせます。なぜなら、あなたは潜在的な結果を伴うリアルな社会的システムの中にいるからです。そして、民主主義という概念は、公共の場を改善しようとすれば、それだけで象徴的な危険を冒《おか》すことを意味します。これが民主主義なのです。

公共の場に入ったからといって、刑務所に入るわけではないですね？　しかし、非民主主義的な憲法では、私がしていることをあなたがしたら、それをしたという理由だけで殺されるかもしれません。その意味で公共の場に関わる人には、つねに恐怖があります。悪の勢力が支配するかもしれないという、絶え間ない恐怖です。そして、人々をただ守ってくれているはずの人が、思いもかけず突然、何かの敵になるかもしれないという恐怖でもあるのです。

私自身に関しても、象牙の塔を好む人が、私の名声を攻撃したがるというリスクはありますよね。もちろん、あらゆる種類の社会的恐怖もあります。それが普通です。しかし、恐怖心から私が誰かを殺すようなことをしたら、私は間違いを犯したことになります。

しかし哲学者の責務として、求められたら答えるべきだと思います。責任は恐怖に勝利するでしょう。プラトンがこのことについてどう述べたか、覚えていますか？　哲学者は、洞窟《どうくつ》を出るべきではない、それが彼の答えでした。哲学者は、それ自体をしたいと思うべきではありません。洞窟を出たい人もいれば、出たくない人もいるでしょう。ですが、私たちは呼ばれたら対応する必要があります。好むと好まざるとにかかわらず、です。倫理的な要求は拒否できますが、倫理的な間違いを犯すことには、哲学者は耐えられないからです。なぜなら、私たちは倫理的な生き物だからです。つまり、これが哲学の立場です。理性の炎を絶やしたくないのです。その炎がなければ、私たちは存在できないでしょう。だから、私たちはそれを維持する必要があります。そして、それは脆《もろ》いもので、時に理性の炎は、人類の歴史の中で何世紀にもわたって消えてしまうことがあります。実際、哲学者は、あらゆる種類の人間のための専門的な職業であり続けてきたわけではなかったのです。これらは最近の現象ですね。哲学者の中には、宇宙の話をしただけで殺された人もいました。ご存知でしょう、ジョルダーノ・ブルーノは、基本的に宇宙は無限だと言い、加えてほかにも神学的に問題になることを言い、殺されました。こんなことは、私たちの時代には起こりませんよね。とはいえ、私たちがそこに行って、あらゆる可能な方法で恐怖から大衆を守らねばならないと思います。私は、このことに複雑な感情を抱いています。

言葉と思考を示すことで社会の課題を減らすのが、哲学者の使命

私は一人の人間として、必ずしもほかの誰よりも賢いなどとは思いません。哲学的な知恵とは、具体的な人間であることに関する専門家であるということから成っているのではありませんから。哲学者は、プライベートにおいては、卑劣で下世話な人間でもありえる

のです。賢人であることは、哲学の専門的知識によって保証されません。哲学者は、公の見識と私生活とを調和させようと努力すべきです。切り離してはいけません。そして同時に、哲学は必ずしもあなたを幸せにするわけではなく、賢い人にさえしないかもしれません。もっとも深く、もっとも重要な哲学的洞察の一つは、基本的に、そのような知識は、哲学にはないということです。人間であることや人間であることの良し悪しはまったく別の生き方の技術にかかっています。残念ながら、その方法についてのルールブックはないのです。

私は、保護された「象牙の塔」という環境の中で、理論哲学者であるための訓練を受けた人間です。それが私の受けた訓練です。その意味で、哲学とほかのすべての科学システムの使命は、社会的な課題を減らし、その問題の重要度を下げることであるべきです。誰も金銭的な問題を抱えてはいけないし、誰も人間関係の問題を抱えてはいけないということは明らかです。それが問題の本質であり、このような問題は存在さえしてはならないのです。

Ⅳ章　フェイクの共同体が壊れるとき

――「複雑性の国」日本の可能性

対話者：斎藤幸平

1 「人生が夢かもしれない」夢からどう目覚めるのか？

フィクションの中で生かされていることを自覚するために

斎藤　あなたは、今回の収録で、テクノロジーの発展が私たちのものの見方を歪め、脅かしていること、そしてそこから脱出する方法についてさまざまな形で語ってきましたね。

ガブリエル　私たちがマトリックスの中にいないこと、人生は夢ではないことを証明することができます。人生は、シミュレーションでもビデオゲームでもありません。そのような考えは間違っています。その可能性すらありません。

斎藤　しかし、ポスト真実時代に、さまざまなフィクションに絶えずさらされる中で、私たち自身がそれを受け入れるようになってきている可能性がありますよね？

ガブリエル　そうです。私たちがフェイク・ニュースのような現実を偽った表象にさらされているという事実は、私たちを変えることになります。かなり攻撃的な仕方で、私たちは愚かな状態にされているのです。

もし人生が現実であることを本当に知ることはできないと思い込み、いつもフェイク・

ニュースばかり見ていたなら、確かにその人の人生は夢みたいなものになるでしょうね。人生はシミュレーションになってしまう。それは、人工知能が私たちを操っている状態に実際に近いと言えるでしょう。これらのフィクションという純粋な思考実験による仮説が果たしているのは、現実に何が起こっているのかわからないようにする機能なのです。

もし人生が夢であるかもしれないと信じるようになると、あなたは現実に対して、注意を払わなくなります。興味深い問いは、なぜフェイクなニュースやフィクションやプロパガンダがフェイスブックやグーグルで蔓延しているのか、というものです。なぜかわかりますか？

それは、フェイスブックやグーグルがそのようなフィクションを売りたがっているからです。フェイスブックが登場する前にも、嘘が蔓延していたというのは、真実ではありません。嘘は事実よりも、より速く伝播《でんぱ》することをデータ研究は示しています。さて、これらの研究を行ったのは誰ですか？　もちろん、フェイスブックやグーグルと密接に結びついた人々です。だから、フェイスブックやグーグルはこの事実をよく知っている。なので、嘘の蔓延は彼らのマーケティングの方法にすぎない。彼らは、現実で何が起こっているのかを人々に見ないでほしいのです。これは明らかに操作です。プロパガンダなのです。

両手があるかどうかもわからないと信じる一方で、非常に優れたマシーンがあることは信じるよう誘導するプロパガンダです。想像してみてください。インターネットを作ることができる人、つまり多くのことを知っている人が、「あなたは何も知らないかもしれない」、「人間は何も知らないかもしれない」と言っている。これは明らかにでたらめでしょう。

ＧＡＦＡ（四つの巨大ＩＴ企業、グーグル、アップル、フェイスブック、アマゾンの頭文字をとった略称）に代表されるカリフォルニアの大企業は、大勢の専門家や技術専門家、心理学教授、経済学教授などを雇って、巧みな操作のシステムを作り上げています。現代の支配的なイデオロギーは、現実をまったく知ることもできないという、哲学の装いをしたでたらめです。そして彼らは、このでたらめを、インターネットを通じて広めている。けれど、インターネットとは、私たちが知識社会にいるからこそ存在するのであり、歴史上、人間がこれほど多くのことを知っている時代はないのです。

「人生が夢ではないことを証明できる」というガブリエル

にもかかわらず、私たちは私たちの知る能力をこれほどまでに疑っている時代というのも存在しなかった。そのような疑念は、ＧＡＦＡによる純粋な操作の結果なのです。

　私たちは、「人生が夢かもしれない」という夢から目覚めなければなりません。

蔓延するプロパガンダのパラドックスを解き明かす

斎藤　グローバル資本主義のもとで大企業の金儲けのために、私たちが操られている……。こうしたプロパガンダの蔓延が導くのは、私たち人間が持つ、知るという能力の否定、究極的には、人間性の否定ですよね。
ガブリエル　ええ、人間はおそらく宇宙全体の中でもっとも知識のある存在です。宇宙にはほかにもっと知的で、もっと知識のある存在がいるということを信じる理由はいまのところありません。そして、この現実を知る能力を疑問視するということはまったくもって馬鹿げたことであり、それはまさにプロパガンダです。なぜアメリカの神経科学者や行動経済学者、ノーベル賞受賞者などが世界の人々に現実を理解するのは非常に難しいと伝えるのでしょうか。
　見てください、彼らは、とても裕福な人々との共犯者で、私的な利害関心を持っています。アメリカの大学を例にとりましょう。もちろん、ハーバード大学やスタンフォード大学はフェイスブックやグーグルなどに対する利害関心を持っている。大学はデータを必要としており、コンピュータを必要としています。こうした利害関心がすべて一体となって、私たちは現実には何も知ることができないという、ポストモダンな物語を生み出しています。現実を知る能力や自分自身の合理性に疑問を投げかけるアメリカの大衆科学小説、あるいは、私たちは合理的ではないと主張する行動経済学などがいい例です。

現実と虚構を区別できないと言われたとき、そうした発言をしている学者の利害関心は何なのでしょうか？　単純です。彼らが現実を支配しているのですから。もし私がテクノロジーの専門家で、何も知ることができないと言い続けるとしたら、それは、現実を忘れて、ただ自分の製品を楽しむよう伝えるための単なるマーケティングなのです。

それに対して、哲学者としての私の役割は哲学と真実を再び結びつけることです。哲学はでたらめなSF小説ではありません。哲学者は、論理的な可能性を探究するのではありません。なかにはそうしている人もいますが、彼らは間違いを犯しています。なぜなら、彼らは操作システムの一部であり、それがパラドックスだからです。現在、多くの非常に優れたアメリカ哲学がやっているのは、彼らが「フレンチ・セオリー」と呼ぶものです。

彼らは現実に関するでたらめを作っている。

もう一つ例を挙げましょう。

ＡＩの推進者と思われるダニエル・デネットをはじめとするアメリカの思想家たちは社会ダーウィン主義者であり、それは多くの思想家にとっての倫理学の公式路線のようなものになっています。

もしあなたが社会ダーウィン主義者であるなら、勝利者の側に反対することはできません。なぜなら、あなたは成功こそが、勝利の正当化であるとみなしているからです。

しかし、本当の倫理とはそのようなものではありません。誰かがあなたよりも力を持っているという事実が、その人が倫理的に優れているということを自動的に意味するわけではないということに気がついた瞬間に、倫理学は始まるのです。

たとえば、ナチスはドイツを占領しました。それから、一二年間は上手くやっていたと言えるでしょうか。彼らは道徳的に正しかったと言えるでしょうか？　もちろん、彼らはつねに道徳的に間違っていました。権力や名声や栄光のような進化論的成功が倫理的行動を意味するわけではありません。

進化論と倫理はまったく異なるものですが、デネットの議論では、そのような違いは存在しません。彼は人間が本当に意識のある知的な存在であると考える哲学的なメッセージはない、と言っているに等しいのです。つまり、デネットによれば、人間は、ニューロンと細胞からできている、自らが意識的・知的な存在だと考えるロボットです。彼が言っているのはそういう話です。

人間の特殊性を認識しないと、幻想に囚われ無責任になる

斎藤　倫理的次元とはまさに人間にはユニークな社会的な次元があるということですよね。でも、他方で、あなたも、人間が実際に動物であり、人間も進化の過程の産物であることを本の中で強調しますよね。それが人間とＡＩとの違いだというわけです。ご自分の議論を、デネットたちの進化論からどうやって分けるのですか？

ガブリエル　人間は動物ですが、とても特殊な動物です。私たちは進化論的説明を超える能力を与えられた動物です。人間がホモ・サピエンスになってから数十万年のあいだに、私たちの知る限り、生存形式ではなく、生活形式として生み出されたすべてのものは、進化の外にあるのです。人間がしていることは単なる高度の生物学的進化ではありません。これはまったく別のゲームなのです。だから、私の見解は、社会ダーウィン主義者たちと

は異なっているのです。

もちろん、動物として、私たちは必然的に身体的です。私の身体組織は、生物学的な生殖条件によって説明することができます。生物学とは、動物としての人間についてはそれが正しいのですが、人間はそれだけで説明することはできません。なぜなら、人間にはさらに多くの側面があるからです。生物学や物理学の対象ではない現実がたくさんあるので、私の人間観とデネットの人間観のあいだには深い意見の相違があります。私は私たちが動物であることには同意しますが、彼は私たちがほかの動物と同じだと思っています、それは間違いです。

私たちはとても特別な動物です。つまり人間は精神を持つ動物なのですが、デネットはその次元を把握していないと、私は考えます。

あなたの文化生活全体、京都の寺院の美しさについてのあなたの経験、ある漫画に対するあなたの好み、食べ物の味、あなたの映画のセンス、あなたの音楽のテイスト、そしてあなたの努力、こうした次元は人間としてのあなたにとってきわめて重要です。ところが、歴史家のユヴァル・ノア・ハラリやデネットらにとって、こうした精神の側面はただの幻想です。ハラリやデネットによれば、人間にとって本当に重要なことが幻想だというのです。彼らは、ポスト・ヒューマンの世界観を擁護するために、そうした主張を行っているのです。こうした人間性の否定は人間の精神に対する自殺行為なのです。

キルケゴールのような哲学者、ジャン゠ポール・サルトルやマルティン・ハイデガーといった哲学的な伝統を持つ思想家たちが教えてくれたのは、この特定の過ちが過ちである、ということです。人間には責任を否定するために、自らが道徳的存在であることを排除したいという願望があります。

もし意識はすでに幻想で、この人間の精神の文化的・倫理的側面が単なる幻想だとしたら。もしあなたが本当にこのようなことを信じるなら、あなたはどんな種類の責任も取らなくていいことになりますからね。

2 最新テクノロジーを使用する条件

科学技術へのアカデミズムの危険性とイデオロギーの関わり

斎藤　あなたは人間的な次元をポスト・ヒューマンに対して守ろうとしていますよね。でもたとえば、寿命を二〇〇年に延長して、人生をもっと楽しめるようにしたり、遺伝子工学技術を使ってＬＧＢＴのカップルが赤ちゃんを産めるようにしたりするのはどうでしょうか。これは人間的プロジェクトの一種である一方、最新のテクノロジーを使って私たちの生物学的条件を変えてしまうものでもあります。人生をより充実させられるようにさせるなら、それは受け入れていいものなのでしょうか？

ガブリエル　私は決してテクノロジーそのものに反対しているわけではありません。だから、薬などで人間の健康状態を改善することができるなら、それに賛成します。とはいえ、誤解された前提でこれを行ってはいけないのです。たとえば、脳のアップロードのようなものを目指してはいけない。

　ここで、未来の話を紹介しましょう。

　シンギュラリティを予測する人がいますね。私の予測では、シンギュラリティは存在しない。脳がアップロードされることはないし、不死になることもない。不死になった人は一人もいないし、不死になる人はこれからもいないでしょう。以上が私の予測です。

　人工知能は決して真に知的ではありません。それは決して人間のレベルに到達することはないでしょう、それが私の予想です。ほかの惑星には決して移住しません。私たちは地球上で人間としての死の条件に縛られています。これを、克服しようとするのではなく、改善しようとするのは、良いことでしょう。現実の人間には原則として到達できない目標を達成するために、大学でナンセンスな研究プロジェクトを支援するのではなく、そのお金を使って何かもっと役に立つことをすべきなのです。

ストレートに言いましょう。現代の多くの大学で行われている科学技術研究は役に立たないだけでなく、危険です。現代の自然科学は、すべての宗教よりも多くの人々を殺してきました。人類がこれまでに見たもっとも危険なイデオロギーシステムは、テクノロジーをともなう現代科学です。化石燃料、二〇世紀の大量殺人、二つの世界大戦、そして現代の人工知能、監視資本主義、自由民主主義に対するソーシャルメディアの脅威……。これらが科学技術が私たちに与えてくれたものです。

こうした状況に対して、人文学と哲学は何を主張したのでしょうか。私たちは反対しました。原子爆弾にも、原子力発電所の建設にも反対しました。しかし、科学者たちは原子爆弾を手に入れ、原子力発電所を建設しました。ようやく、私たちのような意見に人々が耳を傾けるときが来たのかもしれません。心配なのは、人類が五〇〇年のうちに自ら存在を放棄することです。

哲学はいま何をすべきか？

斎藤　哲学が、科学技術が何をもたらすかを正しく予測していたと？　そして同じことが二一世紀でも起きようとしていますね。

ガブリエル　通常言われていることと、事態は逆なのです。科学と技術が信じられないほど有用で、哲学と人文学は役に立たないと言われている。でも、逆です。私たちは役に立ちます。彼らが間違った考え方をしているのです。人文知が科学と技術の良い利用法が何であるかを決定します。なぜなら、倫理的反省は数学と同じように科学的だからです。人々が耳を傾けず、同じ過ちを繰り返しているだけで、人類は絶滅の危機に瀕している。気候危機を考えてみてください。今回は科学者の話を聞くのは大きな間違いです。科学者たちは、気候変動があると言うでしょう、それはそうですが、ほかの科学者たちが実際に行っていることは、彼らが気候変動が起きていると気づいている一方で、大量絶滅の新しい機構を作っているということです。

私たちがすべきことはエンジニアや自然科学者に倫理的な目標に取り組むことを強制することです。これはそれほど難しいことではありません。

全自動兵器システムにつながる研究プロジェクトを、ハーバード大学が後援しなかったとしましょう。大学は科学者たちに「あなたは何をしているのですか」と尋ねます。「私たちは人工知能の開発に取り組んでいます。人工知能は全自動兵器システムに利用できます」と答える。そうしたら、ハーバード大学は「そのようなプロジェクトは支援できない」と言えばいい。そのようなプロジェクトを申請した教授は罰金を払わなければならず、もしかしたら一年停職になるかもしれません。代わりに、彼らは大学には、次のような提案をすべきでしょう。「いいえ、私たちは殺人マシーンの開発に取り組んではいません。持続可能な食料生産に取り組みます」。物理学者は持続可能なエネルギーソリューションや核融合などに取り組むべきでしょう。そしてエネルギー的に持続可能な飛行機旅行に取り組んでもいいはずです。

　現在の自然科学技術のコミュニティ全体が人間の倫理的環境に取り組まざるをえないと想像してください。そうすれば、私は啓蒙の問題が五〇年以内に解決されると約束します。

斎藤　しかし実際、私たちはなぜそうしていないのでしょうか。

ガブリエル　理性の声に耳を傾けていないのです。なぜ私たちは理性の声に耳を貸さず、科学的事実にのみ耳を傾けるのでしょうか?　科学的な事実だけでは何も解決できません。地球を破壊しているというのが科学的な事実だとしたら、「そんなことはどうでもいい」と言ってしまうことができます。現在、政府や大学をはじめ、基本的に誰もが倫理を完全に無視しているのですが、これは容認できない愚かさの一形態です。

倫理学を無視することは、物理学を知らないよりも悪いことかもしれない。倫理学に無知であることは、物理学に無知であることよりもはるかに危険であり、私たちはこのことを理解しはじめる必要があると思います。

だから、私はテクノロジーと科学には大賛成だけれども、現在の利用の仕方には反対ですし、それはグローバル資本主義の問題だと考えます。グローバル資本主義は、あらゆる手段で理性の声を積極的に軽視しています。ひとことで言えば、私たちには倫理的資本主義が必要なのです。そして、そのアイデアには社会主義的な発想も含まれています。

社会主義と言っても、過去の社会主義ではありません。それは現代では実現されていません。一八世紀末にフランス人が君主を殺し、自由、平等と言ったときにやろうとしたことを、近代は成し遂げていない。結局、フランス革命の後に起こったのは資本主義の工業化であり、工業化は良い目的に使うこともできたのですが、工業化で起こったのは二つの世界大戦、大量殺人、大量殲滅《せんめつ》でした。

問題はどのようにテクノロジーを使うかです。ゲノム解析によるＣＲＩＳＰＲテクノロジーを使えばより良い赤ちゃんが生まれるというのは、完全に誤っています。それは私たちが原子爆弾で見たのと同じ災難をもたらすことになるでしょう。遺伝子工学を始めるとそのようなことが起こります。人間の生物組織を私たちは十分に知らないからです。私たちは、人間の生物組織に対して、ポスト・ヒューマン的な介入をするのに必要とされるような科学的知識を得るような段階にはほど遠いのです。

もしそのような知識を持っていて、たとえば私がガンになる必要がなく、ガンに対して一回の注射を受けて治るような場合、私が最初にその注射を受ける男になるだろうことは明らかです。私は神経強化に賛成です。私はコーヒーを飲んでいますが、いまでも最高の知能薬です。エクスタシーのように飲む必要はありません。コーヒーは私を馬鹿にしません。それだけあれば十分です。ですから、私は人間の知識で人間の状態を改善することに賛成ですが、それは現在自然科学とテクノロジーを専門とする多くの人々が行おうとしていることではありません。そのようなことをしているふりをしているだけで、間違っているのです。

人文学や哲学は有用です。科学技術は、哲学の指導のもとで人文学や社会科学が発見した、でっち上げではない目的のために使わなければ、役に立ちません。これが人文学と自然科学の正しい分業となるでしょう。

そして、これがプラトンの「アカデミー」です。

カント、フィヒテ、ヘーゲル、またはシュライアマハーが当時のドイツの大学について論じたときも、「アカデミー」を念頭に置いていました。それはいまでもアメリカでも日本でも使われている大学モデルの基礎となっています。もしこのモデルを変えて、ＭＩＴやスタンフォードのような新自由主義的な技術機関にするなら、大学や学界、そしてこれらすべてを諦めることになり、科学は人類の自滅のための完璧な道具となるでしょう。

3　スカイウォーカーか？　ダース・ベイダーか？

斎藤　あなたは人類の普遍性という考えを擁護していましたが、それが完全に正しいことであるとはいえ、同時にいま私たちが生きているのは、相対主義や冷笑主義《シニシズム》、虚無主義《ニヒリズム》の時代ですよね。とりわけ日本では、多くの人が冷笑的な態度を示しています。「何も変わらないよ」というわけです。

哲学者がいくら警告したところで、人々はいまより大きなスポーツ車に乗って、休暇には世界中を旅し、より多くの食料を消費し、ブラックフライデーにはたくさんのものを買います。そして結局はそれが人類の絶滅につながるということがわかっていても、生活スタイルを変えようとはしません。将来のことなんてどうでもいいではないかと。人間は普遍性や啓蒙よりも、欲望におぼれていたいのではないでしょうか。

ガブリエル　できる限り残酷なストーリーを思い浮かべましょう。残念ながらこれは現代社会のイデオロギーで、これまででもっとも危険なイデオロギーの一つと言えるでしょう。私は「ＰＲＮＣ」と呼んでいます。「多元主義、相対主義、ニヒリズム、シニシズム」の頭文字をとったものです。多元主義は、さまざまな道徳的価値観が存在するということ。相対主義者は、それらがみな同じように良いというわけです。さらにニヒリズムは、本当に何の価値もないと言う。シニシズムは、私が大きなスポーツ車を手に入れて、それで最終的に人間が絶滅するようになろうとも気にしない、というもの。そしてそのイデオロギーは私を可能な限り残忍にさせる。これは、ファシズムよりも潜在的に危ういものであり、実際に危険です。

二〇世紀のファシズムやその他の全体主義は、ひどい状況下で多くの人々を殺しました。しかし、現在では、人類の完全な破壊は、ゆっくりとしたものです。いま私が言いたいのは「理性の声」を聞くことを拒み、普遍主義者になることを拒むのなら、あなたは、あらゆる人々を殺すことになるグローバルな強制収容所の設計者の一人になるのだということです。

あなたは悪人です。自動車の燃料タンクを次々と空にし、無意味なバカンスのためのフライトに次々と乗り、インターネット上で次々にクリックしてショッピングをする。そんなことを続けることで、いままで見たこともないような、もっとも邪悪な帝国の創造を行っているのです。

ナチのようになりたいですか？　それとも良いチームの一員になりたいですか？　それがみなさんの選択です。ダース・ベイダーになりたいのか、ルーク・スカイウォーカーになりたいのか？　これはみなさんが選択しなければ

「日本のシニシズムは止められるのか」と問う斎藤幸平

ならないことであり、正しい選択をしたいですよね。子どもたちが生き延びてほしいですよね。人類は宇宙で唯一の価値の源泉です。私たちが自分たちを殺せば、何の意味もない世界で、ただ塵だけになるでしょう。

斎藤　私が悲観的すぎるのかもしれません。でも、たとえば、ドイツ出身の偉大な哲学者マルクス・ガブリエルは現在、普遍性や人間性の重要性を強調し、相対主義やシニシズムを批判している、と日本で私が紹介しますよね。そこで私がよく受ける反応は、でも啓蒙主義のプロジェクトはすでに失敗したし、哲学は世界をまったく変えない、というものです。恵まれた学者に現実社会の大変さはわからないと。

多くの科学者たちが世界的な人類の危機として、気候変動に警告を発しているにもかかわらず、政治家たちのあいだでは未だに争いや意見の不一致が続いていて、貴重な時間を浪費しています。もちろん、若い人々はデモ・ストライキなど直接行動をとるようになっています。「絶滅への叛逆」（Extinction Rebellion）のような逮捕されることを厭《いと》わないような運動もあります。でも、結局、政治はなかなか変わらないし、「絶滅への叛逆」への世間の目は厳しい。

もちろん、ドイツのほうが状況はマシかもしれません。ただ、グレタ・トゥーンベリは大人たちによって操られていると信じる人が多い、日本の状況はもっとひどいものです。そのような冷笑主義は私が目撃し、実際に日本で日々直面するものです。

そのような冷笑主義に陥っている人たちにどんなメッセージを伝えればいいのでしょうか？　私が悲観的なのは、ダース・ベイダーかスカイウォーカーのどちらかを選んだら、その人たちはダース・ベイダー側を選ぶ用意ができているということです。

ガブリエル　そうですね。ただし、彼らはこれが何を意味するのかを完全には認識していません。ダース・ベイダーのポイントは、マスクを外したとき、それがただのうんざりする怪物であることがわかるということですよね。でも、嫌な怪物になるのは嫌でしょう？

アフリカのどこかのゴミ山のようなゴミ捨て場に行くとか、インドの化学物質で破壊された川や恐ろしい状況下で、村で死んでいく人たちを見ることになります。戦後のドイツ人が、自らが作り出した悲惨な状況を見るために、強制収容所に派遣されたように、そうした人々もそこに行って自分の目で確かめるべきでしょう。何が起こったのかを道徳的に再教育される必要がある。これが私たちの状況です。私たちは支配階級を道徳的に再教育しなければなりません。私たちはグローバル支配階級に属しています、私もその一員です。

しかし、重要なのは、自分自身を再教育し、忘れないようにしなければならないということです。啓蒙主義が影響を与えなかったというのは事実ではありません。啓蒙主義がなかったとしたら、そして、代わりにただ、現代技術の純粋な発展しかなかったとしたら、いまではすべての女性が奴隷になっていたでしょう。もちろん、いまでも、女性の自由だとか平等のためにやるべきことはたくさんあるということを忘れてはいけません。でも、これらの人々がいまでは以前と比較してより自由になっているのは、まさに、なぜ地球上で男女のあいだにこのような不平等があるのかという問題に、私たちが倫理的な考えを捧げてきたからです。そして、そのようなことが完全に間違っているということを示してきたからです。

同様に、いま気候変動の問題で直面している格差は、若い世代と大人の世代の格差です。私たちは子どもたちの考え方を倫理的に十分に取り入れることはせず、子どもたちを小さな動物として扱い、また別の間違いを犯そうとしています。しかし、私たちはいまも犯している多くの間違いや倫理的な過ちを、修復することもできるのです。私は単に「自然に還れ」と言っているわけではありません。技術のない森の小さな共同体に住むのは素晴らしいことではない。それは解決策ではありません。

斎藤　解決策について、どう考えますか？

ガブリエル　もちろん「絶滅への叛逆」を過激化させなければなりません。でも、その運動は、科学者や大学の学長が参加するようなものである必要があります。暴徒が火炎瓶を投げつける集団のようなものであってはなりません。暴徒化は、私たちの国の状態が良くないことを示しているのです。

もし理性の声があなたに火炎瓶を投げるように言うなら、何かがおかしいわけです。理性の声があれば、あなたはそれが啓蒙の弁証法であることがわかり、また、啓蒙の弁証法は克服できる。原則的には、その障害はありません。私たちには適切な機関がないだけです。でも、啓蒙のための基本的な機関は優れた大学システムであり、優れた大学システムでは、あらゆる形態の知識が、究極の持続可能性、平等、正義という目標にむけて協力しています。それは私たちが大学ですべきことであり、そのために私たちは給料を支払われるべきなのです。

しかし、それは一般的に起こっていることではありません。哲学者であり大学教授である私の視点から認識できる間違いの一つです。もちろん、社会には人それぞれの視点があります。

この対話に関心を持ってくれている人の中で、政治家、実業家、学生、労働者のみなさんは、このことを実現するためにさまざまなレベルの市民としての責任を負っています。もし私たちが怠惰《たいだ》な人種差別主義者であれば、歴史の悪い側にいることになります。良い側が勝つべきですし、第二次世界大戦で勝った可能性を決して過小評価すべきではないでしょう。そうすれば、自分が間違っていたことに気づかなければならない日が来るでしょう。

これは驚くべきことで、人々は将来、人類がどうなるのかを気にかけていないのです。これはドイツ人の教授として言えることです。ドイツのほうがまだマシな状況だからです。

世界で、人々はもっと怒るべきです。チリや香港などで起きていることは、正しい。何が起きているのかというと、民主的に選出された政府は機能しておらず自らの仕事をまったくしていないのです。そして、それは間違っているのです。人々は正しく抗議しています。ボリビア、チリ、アルゼンチン——ラテンアメリカの人々は政治的により優れたビジョンを持っていることが多いですよね。それに対して、ここ北アメリカでは何も起こっていない。彼らはただ楽しんでいるだけです。

4　日本はどうする？

教育で意識を変える？

斎藤　理性の声は大学でのエリート的な勉強が必要で、非常に高い地位にいる人だけにアクセスがあり、敷居が高いように聞こえます。だから余計、現実の社会を知らず、社会の苦しみを知らず、そのような理想主義の声を聴く必要性はないという人々が多い。西欧においては、人々はまだこれらの基本的な考え、人権、人間性を大切にしているから違うかもしれませんが。

これらの普遍的、倫理的概念は、日本でも根づいているとは言い難いですし、また中国やほかのアジアの国々でも自明ではありません。経済が民主主義や人権よりも優先される。欲望を満たしてくれるのは経済だから。そのため、すべてが非常に困難になります。

どうしたらいいでしょうか？　あなたは繰り返し、教育が非常に重要であることを指摘していますが。

ガブリエル　はい、これは本当に教育の問題です。環境問題に意識を持つドイツ人として、私はこのパンを包むプラスチック製の袋を手にしていて、まさに悪を手にしているような気がしています。私はこのパンを食べていますが、この袋は邪悪です。私は自分が作ったわけではない邪悪を見ています。プラスチックを手に持っていることを後悔しています。これは魚か娘を殺すかもしれない。私はパンを食べるけれど、この袋は大量破壊兵器であり、私はそのことを知っています。私たちはみな、明らかにそう感じるはずです。

　これは教育の問題であり、非常に早い時期に開始しなければならない問題です。学校に行く前に、家庭で開始しなければならない。大学では遅すぎる。子どもたちは倫理を学ばなければなりません。倫理は自然に身につくものではありません。当然、倫理を無視する怪物も出てくるでしょう。トランプは小学校で倫理を学ばなかったに違いない。

斎藤　そう、私たちの社会はダース・ベイダーのような怪物でいっぱいなわけで。

ガブリエル　そうです、だから私たちは彼らを再教育する必要があります。ご覧のとおり、第二次大戦後、当時の連合国がドイツにしたことはまさにそれです。彼らに感謝します、本当に。彼らはドイツ人を再教育し、そしてドイツ人はさまざまなレベルから自分たちを再教育しました。そして、ドイツ人はまだそれを続けていて、私たちは自身の再教育はまだ終わっていません。全体主義を完全に克服したわけではないのですから。

中国のケースで考える――持続可能性と民主主義は共存するのか？

斎藤　未来の社会のための三つの条件――ベーシックインカム、持続可能性、民主主義について話してきました。ただ、持続可能性と民主主義は共存しないかもしれません。

なぜなら、人間が生き残るためには、民主主義を犠牲にしなければならないかもしれないからです。市場の規制のような新しい計画を実行するためには、人々の行為を本当に規制しなければならないかもしれません。つまりなんらかのエコ独裁が人間の生存に必要かもしれません。あなたはどう思いますか？

ガブリエル　ええ、そうですね、これはよく耳にする議論で、文字通り中国のプロパガンダだと思います。彼らはアメリカ人のようにプロパガンダを広めていると思います。そして、われわれは独裁制が唯一の解決策だと考えています。でも中国は空気をきれいにしているのですか？　ここよりずっとひどいですよね？　だから持続可能性が必要だと知りながら原則的にそれを押し通せる独裁政権があるのに、そうなっていない。ですから、それ以上のものが必要なのです。つまり再教育が必要です。

中国人は原則的にそれができるはずなのですが、なぜしないのですか？　このままでは息もできないでしょう？　私は大気汚染がひどいので、中国に行くのをやめました。自分の命を危険にさらしたくありません。

斎藤　とはいえ、実際には北京の空気も、ここ数年でかなり改善されています。政府規制によるおかげで、本当にそうする意志があれば実行力を持つことができました。

ガブリエル　中国が私たちの問題を正しく解決するなら、それについては感謝すべきでしょう。中国が持続可能性の問題を解決すれば、彼らは世界でもっとも重要な勢力となるでしょう。もし中国政府が私から戦略的なアドバイスを欲しがったら、私は「環境問題を解決して、いい国になれ」と言います。もし中国がそれを正しく行うことができたならば、中国のシステムは、アメリカに勝利するでしょう。

なぜなら、中国は人類にとって、もっとも緊急な問題を解決できたことになるからです。誰もが中国を称賛するでしょうね。もし彼らがそれを解決すれば、その技術を持ってきて、対等なパートナーシップをとれるようになるでしょう。そのときは、中国のコスモポリタニズムは、近い将来に実現する可能性があるでしょう。中国共産党は、公式には、その目標は全人類の解放であると言っていますしね。

私たちは持続可能性の問題を解決する必要があります。いまの私たちにとって重要なのは誰かがそれをすることです。もし中国が正しいとしたら、中国は人類の道徳的進歩を代表し、政府モデルの優位性を示すことができるでしょう。

とは言え、私は民主主義を支持します。それは、人権などの理由からですが、それは一つの価値観です。中国もそれができないはずがないことを潜在的に認識する可能性はあると思います。誰もが啓蒙プロジェクトとフランス革命の理念を実現できます。おそらく中国の人々もそれを理解するでしょう。残念ながらいまのところ、中国はほかの倫理的レベルで多くの欠陥を持っています。同性愛者の権利の平等などで、中国はかなり遅れている。ですから、ある種の組み合わせが必要なのかもしれません。グローバル市民権を付与するような官僚的手段が必要なのかもしれません。私は世界国家を理想としては正しいと信じています。私に言わせれば、世界には一つの国家だけあればいい、とも言えます。

斎藤　民主主義と国家は両立できないというわけですか。

ガブリエル　はい、結局はそうだと思います。もし私たちが一つの世界国家を持つとしたら、その世界国家が生まれる理由の一つは、中国の貢献のおかげとも言えるかもしれません。

しかし、私たちはこのすべてを、解放の一つのプロジェクトに統合しなければなりません。民主主義やリベラル民主主義について話すとき、私は特定の価値観に基づいて語っています。その価値観の最良の表現は、戦後、旧西ドイツで制定されたドイツ連邦共和国基本法 Grundgesetz です。みなさんにもこの文書を読むことをお勧めしたいのです。その中では、男女平等について語られています。

当時の男女平等というのは、性別は男性や女性という二つだけの区分を意味していたので、トランスジェンダーなどを含める形で、今日ではそれをさらに拡張しなくてはなりませんが。この文書は根本的に正しいものです。

一方、中国の憲法をみると、そこに人権が含まれていることも忘れてはなりません。中国は、政府が市民のプライバシーを侵害するとは言っていないのです。人間にとって恐ろしい生活環境を作らないための計画だったとも考えられます。そこは、実はドイツも中国も同じなのです。リベラルな民主主義と言ったときに、ヨーロッパが中国を征服するような意味で使っているのではない、ということが重要なのです。

普遍化できるのです。私はドイツの教授として、ドイツ国民としての契約の一部として、ドイツ憲法を順守しています。そうでなければ、私はどこかほかの場所で教授になることもできますが、そこでも、ドイツ憲法を支持することには問題はありません。なぜなら、いまのところ、それは、解放の条件を正しく述べている、哲学的に最高の文書だと私が考えるからです。ドイツは環境問題を解決できるだろうか。もちろん、私たちの国は小さすぎます。ヨーロッパ人は？　一つの国ではありませんよね？　そして、おそらく中国の環境問題への姿勢は世界で非常に役に立つのでしょうから、その意味においては、中国に反対することもないでしょう。アメリカは気候変動の問題を気にかけていないので、この問題を解決することはないでしょうから。

5　グローバル時代の哲学と日本

二一世紀の人類の理念とは？

斎藤　グローバル時代の哲学について聞かせてください。二一世紀の人類の理念とはどのようなものなのか、詳しく説明していただけますか？　メキシコやアメリカの国境にトランプは壁を築いていて、一方、中国は少数民族を弾圧しているように私には思えます。むしろ、世界はかつてないほどに分断しているように見えます。

ガブリエル　はい、残念ながら現在、私たちは新しい普遍的人間性が形成されている瞬間を目撃しているわけではありません。でも、道徳的な進歩の時代でもあります。つまり、ドナルド・トランプが大統領になるまでの期間は、「ミー・トゥー」運動が広がった期間でもあります。

また、気候変動に対する意識も向上しています。この世界的な意識の高まりはドイツ人のおかげですね。ドイツの環境先進都市であるカールスルーエには、緑の党の本部もドイツ最高裁判所もあります。カールスルーエは理性にとって重要な場所なのです。

このように道徳的進歩もありましたが、道徳的退行もそこにはあります。

そう、いまの世界では多くの後退が起きていますが、電気自動車が増える可能性もあるわけで、未来は私たち次第なのです。これははるかに複雑な状況であり、道徳を無視する敵は打ち破る必要があります。道徳的な争いですよ。

斎藤　あなたも繰り返し触れていますが、問題の一つはテクノロジーが道徳に対して、私たちを盲目にするということです。

ガブリエル　そうです。ソーシャルメディアはさまざまな問題を抱えています。問題が解決するまでは、ＳＮＳはすべて違法であるとすら言ってもいいのかもしれません。オンラインは必要ですが、明らかな問題はいま解決する必要があります。これは気候問題と同じくらい緊急です。待っているわけにはいきません。ヨーロッパの人々はいま、ＧＡＦＡに対抗しようとしています。少なくとも、もしヨーロッパの介入がなかったら、ＧＡＦＡは自分たちがどれほどひどいことをしているか気づきさえしなかったでしょう。

　アメリカのリーマンショックは、彼らが目を覚ますには十分ではなかったので、ヨーロッパ人がＧＡＦＡを苦しめることになりました。そしていまもちろんアジア人の存在が必要なのです。アジアはいまや人類最大の工業化された文明構造です。道徳的進歩をどのように達成するかという多元的な議論から、すべてが一つにまとまる必要があります。

斎藤　あなたは普遍性を形成するプロセスを強調していますが、普遍性は単にそこにあるのではないのですね？　むしろ、世界の人々が協力して、一つになって作りだすべきものだと。

ガブリエル　そうです。

斎藤　とはいえ、人々は異なる背景を持ち、人々は異なる興味を持ち、人々は異なるアイデンティティを持ち、人々は異なるものを持っているので、このような普遍性を創造する過程を想像するのに苦労しているようです。

ガブリエル　基本的な基盤は、生存関心であり、私たちはみな、それを共有しています。それが、気候問題がいまとても興味深い理由です。なぜなら、普遍的な内容があるからです。

斎藤　興味深いことに、あなたは、これまで精神の次元である生活形式を強調してきたけれど、いまでは、生存形式が共通の基盤だというのですね。

ガブリエル　はい。

自然の人間化から考える

斎藤　あなたは精神の側面にもっと魅了されているのではなかったのですか？　精神が持つ生活形式こそが普遍性を可能にするのだと思っていましたが。

ガブリエル　ええ、そうなのですが、精神は自然を呼び起こすわけです。精神のレベルで、精神の存在を認識できるのは、精神を自然に統合するということです。これが私たちのすべきことです。私たちは精神を自然の中に入れる必要があるのです。

　これはカール・マルクスの労働概念でもあります。労働の概念はアイデアから現実への転換ですよね。私は計画を持っていて、それが正しいことを理解しています。いま、あなたはこれを測定することができます。それはまさにもっとも基本的な仮定であり、私たちは自然を人間化する必要があることを意味しています。人間の自然化ではなく、「自然の人間化」とマルクスが呼んだものです。私たち人間はそのような自然を持つべきではないとしばしば考えますが、しかしヒューマニストにとって、自然の人間化こそが次のステップであるべきです。もちろん、私は生物多様性に賛成ですが、人間の利害関心が生物多様性を促します。私たちは人間なのであり、動物倫理も私の言っていることから出てくるのです。

自然を人間化するということは、ネズミを医学実験に使うことはできないということですね。不道徳だからです。ネズミを実験で使わないとガンの解決策は決して得られないとしたら、申し訳ないけれど、ガンの解決策は見つからない、と言わなければなりません。なぜなら、私たちの問題を正しく解決するために何百万匹ものネズミを犠牲にすることはできないからです。

定言命法は人間の領域を超えて広がっているのです。ほかの動物も倫理的に考慮すべき領域の一部ですが、自然についてのこれらの事実は精神のレベルでも役割を果たさなければならないのです。なぜならそれは一つのフィードバックループだからです。自然の状態が悪ければ、私たちは存在できず、精神も消えてなくなってしまいますからね。

つまり、民族の異なる複数の国である場合、もはや共通の基盤を見つけることができないので、自然が再び動きだし、構築の基礎となる自然が、ある種の普遍性を持つようになるのです。

そう、それがまさにいま起きていることです。精神が分割されたとき、つまり、人間が別々の人種や民族に分けられるとき自然が戻ってくるのです。

これは歴史を見てみると、実際に生じていることです。自然が戻ってきて、問題を解決する。なぜなら、自然の普遍的形式が、人権が基礎とする普遍性を担っているからです。自然的なレベルがもっとも下層にあるわけですが、それは精神の低次の段階を意味しているわけではありません。

斎藤　今度は、究極的には人間も動物だという側面が前面に出てくることになる。

ガブリエル　そうです、人間は動物です。もっと進歩するために次に解明しなければならないのは、動物とは何か？　自然界のどこで有機物が動物性につながるのか？　ということです。バクテリアは動物でしょうか？　もしガンが動物ならば動物倫理には限界があることがわかります。なぜならガンとは戦うべきだからです。

もし誰かが「あなたのガンを傷つけないでください」と言ったら、私は「ガンを撃つ」

と言うでしょう。
　次のステップは大学が何をできるかを理解することです。生物学者、哲学者、文学者、人類学者などの学際的な環境でしかできないからです。動物と非動物のあいだでどこに線を引くことができますか？　それは解決されていない問題です。

斎藤　境界線を引くことが学問の仕事だと。

ガブリエル　どこに境界線があるかがわかれば、倫理に取り組むことができます。倫理は開かれているのです。つまり、いくつかの原則は安定していますが、この倫理の適用条件は必ずしも明確ではありません。カントは、定言命法は黒人には適用されないと考えていました。つまり、そのレベルではカントは道徳的に愚かだったのです、なぜなら、カントはそれを適用する方法を知らなかったからです。原則は良い。けれど、彼はそれを適用するのが下手だった。道徳的進歩には普遍性があったと思いますが、完全ではなかったのです。数学と似ていますね。数学的な真実はそこにあるのですが、私たちはそれらのすべてをまだ発見していません。非常に難しいこともあります。
　同じように道徳的な真実を発見するのは簡単ではありません。でも、特定のことは、道徳から悪として排除されるべきことを知っています。ジェノサイドは正しくないし、罪のない子どもたちを拷問することも正しくないし、人間の生活形態を破壊することも正しくない。

つまり、何が正しくないのかも知っています。そこにあるのはわかっていて、それを発見するのは難しいだけです。それこそがまさに私たちが学際的に協力すべき必要がある理由なのです。つまり、すべての動物が道徳的に尊重されるべきだということがわかったら、私たちは態度を変えなければならない。哺乳類だけなのですか？　それとも哺乳類、昆虫、爬虫類《はちゅうるい》、無脊椎《せきつい》動物も？　バクテリアはどうでしょうか。私たちは、これについて本当に一生懸命に考える必要があります。地球は結局一つの大きな動物なのかもしれない。

斎藤　ガイア仮説（地球自体を、生物が相互に関係し合い環境を作り上げている「巨大な生命体」と考える説）ですか。いずれにせよ、もっと包括的な普遍性にむけて進んでいく必要があるというわけですね。

ガブリエル　はい、それが次のステップです。普遍的な人間性は最初の一歩に過ぎず、次の一歩は普遍的な動物性です。それが未来ですね。私は道徳的な未来を予言しています。

次のステップとは、動物倫理学者がもちろんやろうとしていることですが、十分な情報がありません。現在、これらは暗闇での飛躍であり、暗闇での階段で、私たちにはまだわからない。しかし、普遍的な人間性が実現すれば、それが文字通り次のステップになることは間違いないでしょう。そしてヒューマニストは自分たちの人間性のためだけにしているのですから、部分的にはまだ邪悪と言わざるをえないでしょう。

そう、これが次のステップです。これがどこにつながるでしょうか？　さあ、現段階ではわかりませんね。

つまり、道徳は徐々にしか明らかにならないということです。道徳に対する人間の関係をこのように説明できると思います。

『饗宴《きょうえん》』において、弟子のアルキビアデスが師のソクラテスを性的に暴行したと思われる記述がありますが、プラトンは、そう考えてはいませんでした。彼は現場を見てさえいませんでした。いま私たちが道徳的な感覚を持ってこれを読めば、彼らは道徳を知らない怪物だったと思うでしょう。

しかし、プラトンはこれについて議論すらしていないのではないでしょうか。アルキビアデスはソクラテスを性的に暴行していると思われるのですが、誰も心配していません。これは行き過ぎだと言わざるをえません。でも私たちがそう思うのは、こうした問題に対して、センシティブになる感受性を持っているからです。

このような道徳的規則や道徳的価値観は歴史的に発展してきたから、そのような歴史的産物は、普遍的な内容を持っていないという人がいます。でも、歴史的に発見されたとしても、基本的な内容は基本的に普遍的であるはずなのです。

数学を例にとりましょう。古代エジプトの人々は、現代のボン大学の数学教授ほど数学を知りませんでした。それは歴史的に当然のことなのです。

日本の同質性

斎藤　先ほど申し上げたように、日本社会では人権や道徳的規則などの普遍的価値が比較的軽視される傾向にあると私は感じています。あなたが日本に滞在しているあいだに気がついたかどうかわかりませんが、高度のファイアーウォール——ある種の「防火壁」は人々の心の中に書き込まれていて、画一性をもたらしてはいるけれど、そのルールは、普遍的概念に基づいていません。特殊なルールです。日本の社会は、ただ同質的なだけなのです。誰もがこの社会的規範に従わなければならない。この規範とは違うことをしようとするといろいろな問題に巻き込まれてしまいます。

ガブリエル　昨晩、私たちは日本人の女の子のグループにタイムズスクエアでインタビューしましたよね、そして、彼女たちに質問しました。ディレクターが「この人はとても有名な哲学教授なので、何か聞いてみたらどうですか」と。そうしたら、彼女たちはお互いを見て、ほかの二人の友だちもこのような出来事に興味があるのか、どんな質問を発するのかを調べようとしている。ほかの人の意見を読み取ろうとしているのです。ほかの子たちも同じような反応をするでしょう。

つまり、誰かが人権の西洋的な概念を持ち込んだとき、それはこの日本の伝統的な均質性と、明文化されていないファイアーウォールを破壊してしまうかもしれない。外部からこのような概念を持ち込む人を好まないということです。

逆の視点から言えば、たとえば、スポーツのように、彼らは本当にお互いを調整し、ある目的のために一緒に働くというメリットはあるのかもしれない。でも、それはあなたが指摘するように、社会的差別を強化するかもしれないのです。

斎藤　はい。

ガブリエル　もちろんどの社会にも、相手の心を読んだりする関係はあります。どのような種類の読心術が許可され、推奨されていますか？　そして、誰もがこれを行っていますか？　身体と環境の関係など、礼儀や正しい基準という価値観があるのですね。これは社会的な接着剤にすぎません。どの社会にもあることです。

ドイツは、暗黙のうちにこれに取り組んでいます。それは、普遍主義によって、まるで存在しなかったかのようです。もちろんドイツにも明文化されていないルールがあるのです。

しかし、日本の特筆すべき点は、規範がまったく明文化されていないわけではなく、むしろ非常に目立つということです。そのため、これらは非常に強力に維持されていると言えるでしょう。このため、これらは外国人である私にとってさえも、非常に可視的です。

一度そのような規範に気がつくと、信じられないほどとても饒舌《じょうぜつ》に感じられてしまうのです。昨晩の三人の女の子を例にとれば、ジェスチャーの交換によって、何が起こっているのかは、ドイツ人の私にとっても明らかでした。彼女たちは口を手で隠して話す。これは日本的なものですが、でも、そのとき指を少し開いたままにしておくのが興味深い。人々はこれらのサインを読んでいるようなものです。多くは無意識ですが、ほとんど明文化されている。

それはとても目に見えている。これを「日本版ネットワーク」と呼ぶことにしましょう。日本版ネットワークは、基本的には好きなものに使えます。柔軟性もあり、第二次世界大戦では非常に強力な武器でした。それが当時の日本の中国に対する軍事上の優位の理由の一部でもあったのです。ですが、アメリカ個人主義に敗れたことで、戦術はまったく違ったものとなった。そして、戦後、日本は表面的にアメリカ化したと思います。しかし、消費者行動はアメリカ的ですが、心の枠組みは全然アメリカ化されていません。これは完全に揺らぐことはありません。

未来へ維持したいもの

ガブリエル　次の近代化に向けて、日本のみなさんは何を維持したいのでしょうか？　日本版ネットワークを安定させたいですか？　むしろ、ソフトウェアのアップデートという観点からいえば、「人権」を、日本人の心の読み方の能力に取り入れたらどうでしょうか？

日本人の読心術が道徳的にどのように役立つかを想像してみてください。たとえば、誰か性的な暴行をくわだてようとする人間がいたとしても、どんな集団にもさまざまな目が光っている空気があれば、犯罪に走ることもありませんよね。これは、なぜ東京の犯罪率がこんなに低いのかという説明の一つですよね。

そして、そのような高い生活の質は、なぜ機能するのか。東京はいまでも、世界でもっ

次の近代化にむけて、日本が維持しなければならないものとは?

とも大きな社会システムであり、世界でもっとも大きな都市であると言っても過言ではありません。どうしてそんなことができるのですか？　日本版ネットワークの一部にサイバー独裁の要素があるからだと思います。地下鉄でシステムを知らずに、間違ったことをしてしまったらどうなるでしょうか？　床にピンク色の線があるということは、その地下鉄車両には乗れないということです、なぜなら女性専用車両だからです。そしていつもそこには「白手袋」をした地下鉄の係官がいて、私をそこから移動させてくれました。

　では、日本との根本的な違いをお教えしましょう。日本では、安定したネットワークに引き戻される「白手袋」に象徴される強固なシステムがあります。これは均質性と順応性を生み出します。しかしそれが行き過ぎれば、場合によっては、うつ病や自殺なども生み出す可能性があるのです。この社会のゲームは、非常に暴力的なので、逃げられないところまで、時に人を追い詰めるということです。

斎藤　なじめない人にとっては、抑圧的に感じられることもあると思います。

ガブリエル　それはドイツにはありません。しかし、そこには、ただの自由な原子論的要素があります。アメリカ社会はさらに完全に原子主義的で、結婚などでもすべて個人の問題で、個人主義が徹底していますよね。

コミットメントの度合いは個人によって測られる。たとえば、一方がコミットするのが好きな人で、もう一方もコミットするのが好きな人なら、二人は一緒に歩きます。でも、それは単なる偶然です。ですから、アメリカには、日本のように、現実的なコミットメントはなく、ミラーリングの関係もありません。ドイツのネットワークは、その中間で柔軟ですが、私たちは、白手袋の代わりにプロテスタントとカトリックの「神の姿」を持っています。

ですから、普遍主義のためにしてはいけないことをしたとしても、まるで天からやってきて押している偉人がいるかのような印象を受けるかもしれません。そのようなものはいらないと日本のみなさんは思うかもしれない。でも、そのおかげでドイツには道徳的な国家があります。

ヘーゲルはそれを「人倫」（ジットリッヒカイト）と呼んでいます。どの社会にも特徴的なモデルがあると思います。しかし、これはまだ誰も試みていませんが、バーチャルな世界をグローバルな人間精神の中に加えてみてはどうでしょうか？

日本社会への提言

ガブリエル　こうした文脈において、日本人の読心術という能力を真剣に受け止めてみましょう。抑圧に使わなければいいのです。日本版ネットワークの利用が教育の一形態であれば、それは悪くない。ネットワークの歴史は一般的には悪いものです。全体主義の危険もあります。もちろんそれは、自由ではありません。

日本版ネットワークが安定していて、個人を組織化するためのムラ社会的な概念がいまでも続いているのは、長い歴史によるものです。それは、世界の伝統的な社会システムの一つであるとも言えます。さらに、日本人自身の心でもあり、ほかの国には見られない要素です。とはいえ一部の人々でいいので、この日本のシステムを逆手にとる利用の仕方を、バーチャルに頭の中で考えてみてはどうでしょう。新しい形の普遍主義ですね。

基本的に、私たちは日本食を食べるべきです。日本の平均寿命を見てください。偶然ではありません。お酒も日本人はかなりの量を飲みますよね。飲酒はあまり健康によくないはずですが、それでも平均余命は長い。やはり、日本料理には何か優れたものがある。日本食には優れたところがあるのでしょう。

しかし、日本には、確かに二つの側面がありますよね。それはある種の力を説明していますが、一般にほかの人はゲームから排除されるので、それは社会的差別の形となることもあります。

日本の将来に向けての提言です。ある程度は移民国になってみてはどうでしょうか。他者性は財産であると考えてみてください。そこから新しいことを学ぶことができるのです。

斎藤　日本の人口は減少していますし、実際に移民を歓迎する必要があると思います。

ガブリエル　その通り。日本のすべての企業が、どの雇用主でも海外の人々を採用すると想像してみてください。どの会社も五パーセント外国人を受け入れなければなりません。組織的な移民です。彼ら彼女らをグローバルに雇用しないといけない。それは、グローバルなプロジェクトです。アフリカ人でも、ドイツ人でもいい。日本は大規模なキャンペーンを世界中に展開してみましょう。
あなたが会社を持っていると想像してみてください。そして会社の五パーセントの人員を移民から募り、それぞれ異なるレベルで採用すればいい。トップレベルは一パーセント、ミドルレベルは一パーセント、そうでない人が三パーセント。そして、すべての雇用主がその方法を採用するのです。雇用された人々は五年間真面目に働くことができたら、市民権を申請できるようにする。そのことを世界にアナウンスするのです。それは、日本社会の透明性を世界にアピールする素晴らしい効果も生むと思います。このような他者を受け入れるシステムがあれば、日本の会社も、社会も、国としてのレベルも上がるでしょう。

斎藤　他者を受け入れるプロセスは、あなたが言うように、人々に他者の視点を採用することを強いることになるでしょう。日本社会にとって、より倫理的な立場をとるという、この強制的な瞬間が必要だと思います。

終章　敵か味方かの「世界」を越えて

（丸山俊一）

「社会の整体師」「社会認識の闘士」が、この時代に求められる理由

いま世の中には、さまざまな「世界」があふれている。さまざまな分野のリーダー、指導者をはじめインターネット上で主張を繰り広げる人々、クレーム、ブーイング。みなそれぞれ、信じる正義、正解を握りしめ、見たいものだけを見ていつの間にか先鋭化していく数々の言葉……。そこには残念ながら、多くの場合開かれた対話はなく、それぞれが勝手に信じる「世界」が乱立しているかのようだ。

「世界は存在しない」。

そんな社会状況なのだから、こんな言葉を口にされたら、注目が集まらないわけがない。「島宇宙」ならぬ「島世界」に閉じこもろうとする人々が増え続ける状況に待ったをかける、「世界は存在しない」というテーゼ。いまなぜ、ガブリエルが？　という問いへの答えは、現代社会の分断の加速化を浮かび上がらせる。

「哲学ブーム」なのだという。そして、その潮流を牽引《けんいん》しているのは、ドイツの名門ボン大学で、史上最年少で正教授となった「天才」哲学者だという物語は、流通しやすい。確かにこの三年ほどのあいだに、彼の言葉を求めて、さまざまな国々の数多くのマスコミがボンへと飛んだ、日本からももちろん多くの取材があった。そうした中にあって、映像と

いう媒体を通して視聴者に語り掛けるというわれわれからの提案は、彼にとっても再び新鮮な体験となったようだ。実際、アカデミズムのみならずメディアでも一躍寵児《ちょうじ》となった哲学者は、今回も私たちのカメラの前で、実にさまざまな表情を見せ、パフォーマンスを繰り広げてくれた。そして、本質を見極めるための「認識のツール」たる哲学を平易な言葉で、時に複雑さを伴いつつも、真摯に情熱的に語り続けてくれた。

　前回、二〇一八年初夏には、いつも新たな才能を世に出すことに熱意ある編集者・小林えみさんの尽力で来日が決まったガブリエルを追いかけて、僕らも東京、大阪、京都と移動する彼の一週間を追うドキュメント（ＢＳ１「欲望の時代の哲学」、Ｅテレ「欲望の哲学史」）をお送りした。その際の滞在記（前著『マルクス・ガブリエル　欲望の時代を哲学する』（ＮＨＫ出版新書））では、彼の姿を僕は「社会の整体師」と表現した。長年の無理な使い方から歪みが蓄積、その骨格がズレて流れが滞った社会の部位に、手を差し伸べる代わりに的確な言葉を置くことによって、人々の認識を更新、飛躍をもたらそうとするさまをこう綴《つづ》ってみた。そして今回、彼はそこに、「社会認識変革の闘士」たる相貌《そうぼう》を加えたように見えた。もちろん、整体師のように冷静に患部を見抜く目はそのままだが、その認識に実効性を持たせ社会を変えたいという強い思いが、あちこちにあふれ出ていたように思う。「資本主義と民主主義の実験場」とも言いうる、ニューヨークというきわめて刺激的な都市にあって、アグレッシブにならざるを得ない状況もあったのだろう。本文の中に見え隠れする、ほとばしる情熱も感じとっていただきたい。

思考の礎にある、「自然主義批判」「ファシズムへの警戒」「ドイツ観念論」

それにしても、彼は、問われれば何でも答えてくれる。それが、哲学者の責任という自覚からなされたことでもあることを本書Ⅲ章で明らかにしているが、ある意味、この「サービス心」は尋常ではない。だが、そうした博覧強記による時事批評にばかり目や耳を奪われてしまえば、彼の思考を培った土壌の本質を見過ごすことになる。

科学的なものの見方のみが真実であるとする「自然主義」に対しての実に痛烈な批判。そして、彼を育《はぐく》んだドイツという国の歴史に向き合うとき、避けては通れないナチズム、すなわちファシズムに対する最大級の警戒。さらに、今回あらためて随所で言及された「ドイツ観念論」への強い信頼と、その学問的系譜に自らを位置づけることで思索を深めようとする覚悟。この三つの重い礎《いしずえ》があってこそ、彼の思考は軽やかになり、どんなボールが来てもコースによって打ち分ける打者のように饒舌な語りとなって言葉へと結晶することを、まずは確認しておきたい。

　哲学は時代との格闘だ。人里離れ純粋に抽象的な論理を駆使して、一つのものの見方に辿り着くこともちろんあるだろう。だが、言葉というさまざまなニュアンスを宿し、つねにゆらゆらと乱反射するブロックを組み立てて生まれる思想という構築物は、脳内の純粋な機能によってのみ生まれるわけではない。歴史に名を留め、いまなお読み継がれている思想の多くは、その時代時代に、等身大の一人の人間が、社会に、状況に、自ら向き合った結果、人生を賭けて紡ぎ出されたものなのであり、肉体の感覚を総動員してひねり出された言葉なのだ。

　そしていま、一九八〇年生まれのドイツ人哲学者の語る「新実在論」の可能性を考えるときも、彼自身の基底にある知と、背景にある過ごした時代もイメージしておく必要がある。一〇歳を迎える直前に東西ドイツ統一を体験、幼少期の記憶として残っているであろう冷戦の時代と、その後のグローバル化、新自由主義の急激な進展……。思春期にベルリンの壁崩壊を大きなインパクトとして受けとめた思索するドイツ人が、ニューヨークという舞台装置にインスパイアされながら日本人に向けて語りかけた言葉の記録として読んでみていただくことでも、本書は新たな味わいが生まれることだろう。そして、その社会主義という壁の消失という事態が、結果的に資本主義の暴走を招き、民主主義に軋《きし》みをもたらしているとしたら、実に皮肉な巡り合わせと言わざるを得ないし、同時に彼の問題意識を「象牙の塔」にこもらせておかない理由としても十分ではないだろうか？　市場の網の目が地球上を覆い、自由と民主主義が世界を一つにつなぐという神話が、文字通り神話に過ぎなかったことが証明された三〇年の中で、行動する哲学者は思索を積み重ねた。

「実存」vs.「構造」を乗り越えるための「新実在論」

「一角獣は存在する。だが、世界は存在しない」。

このテーゼに象徴される「新実在論」をどう理解すべきか？　前著でもひとまずの解題はしたが、今回は異なる角度から解きほぐしてみよう。そのために少しだけ冷戦構造解体以前、第二次大戦後のヨーロッパの歴史状況を押さえておこう。実存主義から構造主義へといたる、哲学の時代との格闘の跡を確認することがヒントとなる。

「実存は本質に先行する」。人は、生まれる時代も場所も選べない。意識が生じたときにはすでにしてあるすべてを引き受け、そこから始めるほかない。生まれ落ちた環境の中、時に脱却を試みもがき、自己を形作っていく。自らの生きる意味を、自分自身を発見せよ――。こうした実存主義の理念は、第二次大戦が生んだ人間性の否定、壮大な殺戮《さつりく》への反省を背景に広まった。すでにドイツでヤスパース、ハイデガーらによって表現されていた「実存」という概念は、フランスでサルトルによって磨かれ、決定的に広まった。戦争の傷跡が癒えず知性への信頼に揺らぎが生じる時代に、翻弄されるほかない小さな存在である人間の喪失感を埋めるべく、実存主義は大きな影響力を持った。

だがその後一九六〇年代、人類学者クロード・レヴィ＝ストロースの提示した構造主義が実存主義に「ノン」を突きつける。自らの立場を絶対的に疑うことなく、その眼差しから現実を変えていこうとするサルトルの主張に対しレヴィ＝ストロースは、さまざまな文化の中に存在する普遍的な構造を見出し、サルトルの西欧中心的な価値観を否定、相対的な思考を説いた。いわゆる「未開」とされる文化の中にある家族関係や儀礼にある原型に「近代」社会と同じ構造を見出し、「進歩」という概念を相対化、疑いの眼差しを向けたのだ。社会を関係性の網の目として捉えようとする構造主義は、その後バルト、ラカン、フーコー、デリダといったさまざまな思想家、哲学者らの解釈、批判を含む展開を経て、「ポスト構造主義」と呼ばれる一つの潮流も生んでいくわけだが、それについての議論は別の機会に譲《ゆず》るとして、ポイントは実存主義と構造主義、それぞれの思考の可能性の中心にある。

本書の中でも宣言している通り、ガブリエルはドイツ観念論を批判的に継承しようとしている。その思想のリレーの歴史、最良の果実を生かしながら、そこに自らの思惟を重ね更新することで、新たな視界を開こうとする姿勢は、カント、ヘーゲルに言及する場面などにも現れている通りだ。

そうしたドイツ観念論の系譜で、ガブリエルがもっとも敬愛するのはシェリングである。そしてそのシェリングは、近年の研究で「実存主義」の先駆的存在とも言われている。シェリングは後年、存在というものには二種類、「本質存在」と「事実存在＝実存」とがあると主張している。本質存在とは、理性によって認識の対象となりうる存在のあり方で、カントからヘーゲルに至る哲学が対象としてきたものだが、事実存在では、理性によって説明がつかないものまでが対象となる。人間の理性の手に負えないものとして、事実存在への視点が、ともすれば欠落しているように読めるヘーゲルの枠組みを拡張して、シェリングは、実はこの事実存在＝実存こそが存在の本来のあり方なのだと考えた。シェリングを経由したこうした「実存」的思考が、ガブリエルの「新実在論」にも多大な影響を与えている。「一角獣は存在する」という、ある人間の想念の中に浮かぶイメージにも「実存」を認めることへとつながるのだ。

もう一つのテーゼ、「世界は存在しない」についても考えよう。すべてを含む総体としての世界の存在は認めないと、ガブリエルは言う。「構造主義」に倣って関係性のネットワークとして「総体」を捉えようとすれば、実線で、「世界」の内と外を分けることはできない。なぜなら「すべて」であるはずの「世界」を内に囲い込もうとするとき、その実線の外は「無」となってしまうからだ。そこにあるのはつねに開かれた関係性であり、実線は閉じられない以上、「世界」の定義とは矛盾してしまう。「すべて」である以上、「無」は存在しない。外に「無」を生む「世界」は存在しないのだ。こうして社会は、境界を持たない、関係性の網の目として、さまざまな網の目の結節点からの視点が存在するものとして、表現される。すなわち、これは構造主義による「世界」観と重なるのである。

このように「実存主義」的な生きる意味を自らつかみとる感覚を大事にしながら、この「世界」を開かれた関係性のネットワークとして眺めようという彼のスタイルは、ある意味、「実存主義」と「構造主義」のもっとも良質な可能性を組み合わせる試みと解釈しうる。「新実在論」の独自性を貶めようというのではない。知の先行者たちとの格闘のその先に、新たな風景を垣間見せてくれる上で、確かにガブリエルの提示する思考は「新しい」のだが、その新しさが安易に消費されないためにも、サルトルとレヴィ=ストロースとの歴史上の論争をいま一度味わうべく、思想の歴史の中に位置づけてみる意義を感じる。一人一人が人生の意味をつかみ取る意義を概念化したサルトルと、メタレベルで「世界」を独善的に規定することは許さなかったレヴィ＝ストロース。半世紀前にフランスで繰り広げられた論争、対話の痕跡を、いま一人のドイツ人の思考の中に見出すのである。

ドイツ観念論を処方箋に、現代社会と向き合う

こうしてガブリエルの思考のベースを共有した上で、本書で展開された論を簡単に振り返ってみよう。先に触れたように、荘厳《そうごん》な、ともすれば古めかしく思われがちなドイツ観念論の系譜に寄り添い、現代社会への処方箋としての力を与えようとする姿勢は一貫している。

まずI章では、「自由」という概念のもたらすパラドックスについて、カントからシェリングまで引用しつつ、その「逆説」の飛び越え方が示されていく。ＳＮＳがもたらす静かな「破壊性」が、ヨーロッパ哲学の伝統で裏づけられる。意志の調整としてある「自由意志」。「自由意志」はカントの基本理念だ。自ら目的のために意志を行使しようとするとき、他者の目的を損なうことは誰にも許されない以上、理性という特性を持つ人間の「自由意志」は、自ずから意志の調整の結果となる。カントは決して他者を手段として扱ってはならないこと、そしてあらゆる人の目的が尊重される「目的の王国」の必然性を説いた。実はシンプルなカントのメッセージを噛みしめながら現代のインターネット社会に目をやれば、そこは西部劇さながらの無法地帯であり、その落差を考えれば、ＳＮＳ上の攻撃は荒野のガンマンの抜き撃ちだというわけだ。ガブリエルが、ＳＮＳの存在そのものを全否定するゆえんである。ただ、とはいえ、読者のみなさんに若干《じゃっかん》の補足を施すならば、彼のＳＮＳへの絶対的な否定も一つの表現の綾《あや》であることにも触れておきたい。ガブリエルも情報発信のツールとしてのＳＮＳの便利さはもちろんわかっている。その範囲にとどめた利用ができればよいのだが、そこが人間の業《ごう》というもの、自制的な使い方ができる人はそう多くはない。人々に強くメッセージを伝えるための、あえての全否定、分断状況への強い危機感の表れと解釈すべきだろう。

Ⅱ章は、「闘争」の向こうに、あるべき社会システムの認識の可能性を提示する。ホッブズとルソーの社会観を対比させ、その上で、ヘーゲルの思想、「承認の闘争」を援用し思考を深める。すなわち、ともすれば社会を、経済を、物質的な生産、消費のサバイバルゲームとして、単なる生存のための限られたパイの取り合いとしてしか見做《みな》せなくなっているアメリカ的資本主義。その見方から脱することが語られ、そこに新たな「意味」、読み替えの視点を提案するのだ。「新実在論」の多元的な視点の存在をすべて肯定する思考を社会にあてはめ、その上で「生存形式」ではなく「生活形式」という、オルタナティブとなる「意味の場」を提示する。「欲望の資本主義」を越えていく、認識の転換となりうるか？

そしてⅢ章はストレートに時代のテーマ、ＡＩとの向き合い方について考える。この章では前の二つの章と異なり、ヘーゲルの『精神現象学』に少し触れられるだけで、ツールとしてのドイツ観念論が大きく活躍することはない。だがこの章で語られることも、実は大変重要だ。思考もまた感覚である。そして「思考感覚」という概念にもっと光をあて、あなた自身の現実との関わり方について確かな意識を持てと語りかける。現代の二元論的な思考が行き詰まりをみせる時代に響く仮説として読める。主体と客体の分離、すなわち主観と客観、感情と理性とも置き換え可能なこの二元論的事態を微妙にズラし解体、一元論的な回収を図るものと解釈できるからだ。

日本の思想との共振の可能性——大森荘蔵、そして和辻哲郎、九鬼周造へ

二元論を越える思考。そのとき、一人のいまは亡き日本人哲学者の名前がフラッシュ

バックした。大森荘蔵《おおもりしょうぞう》である。彼こそ、近代的に築かれた知が僕らを解放へと導くとともに、同じ強度で呪縛《じゅばく》ともなりうることを語り続けた哲学者だったからだ。対象と表象、物と心といった二元論を否定し「立ち現れ一元論」という認識の仕方を世に問うている。すでに他界されて四半世紀ほどになるのだが、ガブリエルが大森哲学を知ったなら、少なくない部分で共鳴したことは想像に難くない。

　実はそうした半ば妄想の延長に、何人かの日本人思想家の顔、名前が浮かび上がる。前著でも触れた西田幾多郎《にしだきたろう》のみならず、和辻哲郎《わつじてつろう》、九鬼周造《くきしゅうぞう》などの面々だ。

　自己は、自己と他者との「間」においてのみ、自己たりうる。すなわち人間を人と人の「間」にある存在として、世の中を「間」という概念において捉えようとした和辻の思想は、すべてを関係性の網の目で考えるガブリエルのセンスと重なりそうだ。また、九鬼の『「いき」の構造』をガブリエルが読んだなら、粋という一見言語化を拒む概念をあの三次元の立体図で伝えようとする九鬼の表現に、「思考も感覚である」というテーゼを重ねて反応したかもしれない。そんなことを想起させられた。

　こうした日本の思想の系譜との共振の可能性は、Ⅱ章の終わり、またⅣ章の中で対話者たる斎藤幸平さんとのキャッチボールの中でも語られている。今後の機会に継続して考えたいテーマではある。

カントに倣いて三部作を批判的に継承――「「私」は、脳ではない」

　そのⅣ章では、神経科学、そして社会ダーウィニズムへの批判が展開する。「自然主義」で人間を解析することが、人々の尊厳を奪い、生きる意味を疑わせ無力感を生んでいる現実は確かに存在する。ガブリエルのこの問題に対する並々ならぬ警戒感は、前回の大阪大学ロボット工学研究者の石黒浩《ひろし》さんとの議論でも示されているが、今回の斎藤さんとの対話でも、力を込めて語られている。人間の存在を電気信号と数字に分解し、有機物と無機物の境界をあいまいにし、いよいよ人間の定義が崩れてしまった先にあるのは……。ガブリエルの脳裏に浮かんでいるのは、戦前のナチスによるユダヤ人大量虐殺の光景なのだろう。こうした歴史の闇に対する想いが、知的な言葉の積み重ねではあっても激しい批判のかたちをとることは想像に難くない。

　ちなみにガブリエルは、自らの思想を世に問うスタイルとして、カントの業績を意識しているかのようだ。講談社で彼の著書を連続して手掛ける編集者であり、哲学者でもある互盛央《たがいもりお》さんにお会いしたときの彼の言だが、その思想的な歩み方には、一八世紀に革命的な知の展開を世に問うた、哲学史に名を刻む存在からの影響が確かにありそうだ。実際、カントは『純粋理性批判』『実践理性批判』『判断力批判』と、この順序で三部作を世に問うている。この場合の「批判」とは、物事を根源的に吟味、思考することを意味しているのだが、『なぜ世界は存在しないのか』で、まず「純粋」にものの見方、存在のあり方を吟味したガブリエルは、第二作『「私」は脳ではない』で「実践」の時を迎え、その、ものの見方に基づいたあるべき行為について吟味するモードの中にいるのかもしれない。

　それにしても、ダニエル・デネットについてはことさら舌鋒《ぜっぽう》鋭い。まさに「闘士」たる顔を見せている。「進化論」的に人間を解析すること、そうしたデジタルな分析のみで人間を解体してしまうことへの大いなる警戒感がそこにはある。ただ、ちょっと視点を変えてみたとき、複雑な気分もある。確かにデネットは「神経科学」者でもある哲学者、「進化論」的に思考を重ねる人であることも間違いないのだが、そうしたデジタルな解析のみならず、そこからこぼれ落ちる部分にこそ、実は人間の本質があることに思考を巡らしてきた人でもあるのだ。「脳は気難しい召使に過ぎない」とは、拙編著『AI以後』（NHK出版新書）でも引用させていただいたフレーズだが、この言葉に集約されるように、脳＝人間という分析の仕方への否定は数十年前から主張している。奇しくもガブリエルの書名

『「私」は脳ではない』に重なる見解とも言いうるのは、実に皮肉な話ではある。ドイツ人哲学者とアメリカ人哲学者の「似て非なる」（?）すれ違い。ここは日本から、『唯脳論』を印籠《いんろう》代わりに右手に持って養老《ようろう》孟司《たけし》さんに黄門さまとしてご登場いただき、話をまとめていただきたいと、そんな鼎談《ていだん》を夢想してしまった。養老さんはどちらの議論も面白がるだろう。ガブリエルも、思考もまた感覚と捉えるのであれば、感覚の違いを楽しんでもよいのではないか……、とも思うのだが、そこに大きな歴史の断層、民族的な闇の記憶まで関わってくるとすると、難しいのかもしれない。読者のみなさんに、『AI以後』もあわせ読んでいただき、「批判」＝吟味、対話の継続を委ねるほかない。

哲学者がメディアを通して語るということ——人間ガブリエルの肉声

さて、こうした錯綜もはらんでの言葉の記録、思索のドキュメント、どのように読んでいただけただろうか。「天才」の「ご託宣」による思考停止に陥ることなく、ガブリエルという、生身の人間の言葉を多面的に味わっていただきたい。実際「哲学界のロックスター」は、世界中から取材が殺到する「人気者」になってしまったが、彼も彼の言説までも「消費財」にしてしまっては本末転倒だ。ここでも僕らは「深淵なる真理」と「言葉の消費財」

との両極の中で、ある意味右も左も蹴っ飛ばし、フラットに自らの思考の糧《かて》として虚心坦《きょしんたん》懐《かい》に彼の言説に耳を傾けることができるのか、そのスタンスを試されているのかもしれない。

実際、哲学者がこうして映像媒体で、概念を、社会事象を語る、時に抽象的に、時に具体的に話すという行為は、自己言及性を伴うものだ。肉体全体を使い、目の前のスタッフたちだけでなく画面の向こうにいる無数の視聴者たちの存在を想像しながら、全身で語り続けることになる収録の現場。いつしか人は誰でもおそらく思ってもみなかったこと、あまり意識の表層には日頃浮上しないこと、いまだ言語にしていなかった無意識下に眠る想いまでが、言葉となって表出することがある。それこそがドキュメントの醍醐味であり、僕らは、「仮説」、すなわち「仮のシナリオ」を立てながらもそれもまた捨てられるハシゴであることを、覚悟と喜びをもってカメラを回すのだが、今回も果たしてその瞬間は訪れた。Ⅲ章後半の哲学者の公私、哲学者が決して善人とは言えないというくだりなど、象徴的なものと思われる。ガブリエル自らの「著作」ではなく「語り下ろし」の「言葉の記録」だからこそその豊かさを、視聴者／読者のみなさんが読み取ってくだされば、幸いだ。

人間ガブリエルの肉声をここでも少し引用しよう。以下のようなくだりに、実に真摯な本音がこぼれ落ちる。アカデミシャンでありながら、現実社会の政治経済文化、さまざまな状況にまで社会批評を繰り広げることになった自らを省みての告白だ。

こうして私がカメラを通して哲学を語り掛けることについても、これをご覧になるみなさんの中には哲学の専門家もいることを考えると、実は複雑な感情を抱くのです。大衆への恐怖はつねに複雑な感情です。

すべての人間にはプライベートな生活があるということですね。いま私は哲学者としてみなさんに、もちろん自分の活動のレンズを通して関わっています。しかし、これが最善の方法ではない場合もありますよね。人間関係は、必ずしも哲学的な反省によってうまくコントロールされているわけではありません。なぜなら、非対称的な関係性もそこにはあるからです。心理学の場合のように、心理学者や心理療法士は、心理療法士である能力を自分の妻や子どもたちに発揮することはできません。私たちはみな、プライベートな状況で死に、生まれ、そう、みなさんもこのプライベートな現実にさらされているのです。

哲学者としてできる最善のことは、それを人間に関する思考へと統合することです。それが、私が哲学の専門家としてやっていることです。

哲学者はどこまで自らの言葉で社会と、他者と関わるべきか？　人間ガブリエルの引き裂かれる想いが誠実に吐露《とろ》されているように思う。またこんなくだりもあった。

> 私にも問題があります。さまざまに異なる問題、自分自身の問題が、誰にもあります。私は、いまは健康です。それはいいことですが、全員が正しいわけではないし、私がいつまでも健康でいられるわけではないのです。私も死ぬでしょう。あなたも死ぬでしょう。そうですね？　いつ発症するかにもよりますが、私は一〇年先には何かの病気にかかっているかもしれません。私にははっきりとはわかりませんが、視聴者の中には、健康上の問題や、財政上の問題、人間関係の問題、あらゆる精神的な問題を抱えている人もいるでしょう。人間はこれらの問題を抱えており、哲学が観念論的に何に貢献できるかと言うと、おわかりの通り、それらの問題に対する態度を変えることはできても、問題がなくなってしまうわけではありません。問題はそこにあります。それらは、人生の一部なのです。

何でも答えてくれる哲学者は、もちろん何でもあなたにとっての正解を知っているわけでもなければ、自らの人生の正解を知っているわけでもない。正解を知っている人など誰もおらず、正解を知る神、世界も存在しないことを明らかにしたのが「新実在論」なのだから。

ガブリエルという名前が少々言いづらいこともあり、編集室で議論が白熱するときなど、「ガブさんの定義によれば……」と僕らは「ガブさん」の愛称で呼んでいた。実際彼は、茶目っ気あふれる、チャーミングな人物だ。敬愛をこめての「ガブさん」。それは、権威主義から逃れての対話のためでもあった。そして同時に、親しくなることと馴れ合うことを峻《しゅん》別《べつ》する厳しさも、彼と僕らの取材チームのあいだにあった共通了解事項だと思う。

ガブさんが与えてくれるヒントから、私たち自身が思考する番なのだ。そしてそれは、「形而上」の知ではなく、日常の中での実践へとつながるものであってほしいと願う。

映像を通して、哲学、時代を語るということ——そして対話は終わらない

今回の番組企画、取材、制作にあたっては、ディレクターの三好雅信さん、高橋才也さん、堀内慧悟さん、真治史さん、佐藤洋紀さんらの尽力にあらためて感謝したい。特に、「欲望の経済史」以来、この一風変わった演出で、現代社会の問題に問いを立てる「欲望」シリーズのテイスト、スタイルを一緒に作ってきてくれた三好さんには、「欲望の資本主義」のディレクターである大西隼さんとともに感謝したい。

また、この場を借りて、あらためて最大級の感謝をお伝えせねばならないのは、大阪市立大学准教授、社会経済思想の専門家である斎藤幸平さんだ。二年前に引き続き通訳として、また今回対話者として、ガブリエルとの細やかなコミュニケーションをとってくださった上に、翻訳などでも大変お世話になった。スタッフたちとの関係性も築かれた上で、さまざまな場の状況の中、こうした撮影の構造だからこそ語られる話、それゆえに生まれているトーンというものがある。まさにガブリエル言うところのリアリティが立ち現れているのは、斎藤さんとの関係性が大きかったであろうことは言うまでもない。深く感謝したい。さらに、翻訳の際、全体に目を通し御助言をいただいた関西国際大学准教授の横山雅彦さん、執筆の進行にあたって細やかなサポートをしてくれたＮＨＫ出版新書編集部の倉園哲さん、黒島香保理さん、ＮＨＫ編成局藤田英世統括プロデューサーにもこの場を借りて御礼申し上げる。

こうした制作、編集のプロセスもまた、すべて開かれた関係性の束なのだ。実際ガブリエル自身、つねにそうした開かれた関係性による対話を望んでいるのだと思う。本書も一過性のブームとして「消費」されることなく、持続する思考のためのきっかけとなれば、幸いだ。

インスパイアする思考。実は僕自身まだ、そのほかにもガブリエルの言葉に触発され、さまざまな思想が、人名が記号が渦巻いているのだが、それはまた次の機会に。ガブリエルがもたらした、対話は続く。

丸山俊一

二〇二〇年　二月

番組記録

「欲望の時代の哲学2020
マルクス・ガブリエルNY思索ドキュメント」

2020年
2月25日（火）　第一夜「欲望の奴隷からの脱出」
3月　3日（火）　第二夜「自由が善と悪を取り違えるとき」
10日（火）　第三夜「闘争の資本主義を越えて」
17日（火）　第四夜「私とあなたの間にある倫理」
24日（火）　最終夜「哲学が国境を越えるとき」
夜10時50分～11時14分　NHK Eテレ

ナレーション	松村正代アナウンサー
声の出演	山崎健太郎
テーマ曲	三宅純 “Lilies of the valley”
撮影	福元憲之／伊奈勇人
音声	中園智貴
映像技術	服部一太
音響効果	佐藤新之介
コーディネーター	須山弘太郎
取材	真治史／堀内慧悟／佐藤洋紀
ディレクター	三好雅信
プロデューサー	高橋才也
制作統括	藤田英世
	丸山俊一
制作協力	テレビマンユニオン
制作	NHKエンタープライズ
制作・著作	NHK

斎藤幸平（さいとう・こうへい）

1987年生まれ。大阪市立大学大学院経済学研究科准教授。ベルリン・フンボルト大学哲学科博士課程修了。博士（哲学）。専門は経済思想。2018年、*Karl Marx's Ecosocialism: Capital Nature and the Unfinished Critique of Political Economy*（邦訳『大洪水の前に』［堀之内出版］）により、ドイッチャー記念賞を日本人初、史上最年少で受賞。ほかに、マルクス・ガブリエル、マイケル・ハートらとの対談をまとめた『未来への大分岐』（集英社新書）など。

丸山俊一 まるやま・しゅんいち
慶應義塾大学経済学部卒業後 NHK入局。
「欲望の資本主義」をはじめ時代のテーマを独自の視点で斬る
異色の教養番組を企画、制作統括。
現在NHKエンタープライズ番組開発エグゼクティブ・プロデューサー。
著書に、『14 歳からの資本主義』『結論は出さなくていい』、
制作班との共著に、『マルクス・ガブリエル 欲望の時代を哲学する』
『AI以後』『欲望の資本主義1～3』ほか。
東京藝術大学客員教授、早稲田大学非常勤講師も兼務。

NHK出版新書 620

マルクス・ガブリエル
欲望の時代を哲学するII
自由と闘争のパラドックスを越えて

2020年4月10日　第1刷発行
2020年6月 5 日　第2刷発行

著者 丸山俊一
NHK「欲望の時代の哲学」制作班

発行者 森永公紀

発行所 NHK出版
〒150-8081東京都渋谷区宇田川町41-1
電話 (0570) 002-247 (編集) (0570) 000-321(注文)
http://www.nhk-book.co.jp (ホームページ)
振替 00110-1-49701

ブックデザイン albireo

印刷 壮光舎印刷・近代美術

製本 二葉製本

Printed in Japan ISBN978-4-14-088620-5 C0210

NHK出版新書好評既刊

604

残酷な進化論
なぜ私たちは「不完全」なのか

更科 功

心臓病・腰痛・難産になるよう、ヒトは進化した！『絶滅の人類史』の著者が最新研究から人体進化の不都合な真実に迫る、知的エンターテインメント！

605

親の脳を癒やせば子どもの脳は変わる

友田明美

親の脳も傷ついていた。脳研究に携わる小児精神科医が、脳とこころを傷つけずに子どもと向き合う方法を最新の科学的知見に基づいて解説する。

606

森保ジャパン 世界で勝つための条件
日本代表監督論

後藤健生

新生サッカー日本代表「森保ジャパン」が世界の壁を突破するためには、何が必要なのか？ 代表監督の系譜から考える。歴代監督12人の独自採点付き。

607

証言 治安維持法
「検挙者10万人の記録」が明かす真実

NHK「ETV特集」取材班［著］
荻野富士夫［監修］

1925年から20年間にわたって運用された治安維持法。当事者の生々しい肉声と検挙者数のデータから、その実態に迫った「ETV特集」の書籍化。

608

明智光秀
牢人医師はなぜ謀反人となったか

早島大祐

文武兼ね備えたエリート武将は、いかに本能寺の変へと追い詰められたか。気鋭の中世史家が最新の研究成果を踏まえ、諸説を排し実証的に迫る渾身作！

609

マグロの最高峰

中原一歩

豊洲で一日に並ぶ二百本の上位「二、三本」は何が違うのか？ 漁師・仲買人・鮨職人に長年密着取材してきた作家による、究極の「マグロ入門」誕生！